고구려의 영웅 **연**개소문

동화로 만나는 우리 역사

고구려의 영웅 연개소문

글·김남석 | 그림·이관수

영림카디널

고구려의 영웅 **연개소문**
ⓒ 2006 김남석

초판 1쇄 펴낸날 | 2006년 9월 4일

지은이 | 김남석
그린이 | 이관수
펴낸이 | 양승윤

펴낸곳 | (주)영림카디널
출판등록 | 1987년 12월 8일 제 16 -117호
주소 | 서울특별시 강남구 역삼동 831 혜천빌딩 (우)135-792
전화 | 02-555-3200
팩스 | 02-552-0436
홈페이지 | www.ylc21.co.kr

Yeon Gaesomun, the hero of Goguryeo Kingdom
by Kim Nam-seok

Copyright ⓒ2006 by Kim Nam-seok
Illustrations by Lee Gwan-su
Printed in KOREA

값 9,000원
ISBN 89-8401-635-7 73810

「이 도서의 국립중앙도서관 출판사도서목록(CIP)은
e-CIP 홈페이지(http//www.nl.go.kr/cip.php)에서
이용하실 수 있습니다. (CIP제어번호: CIP2006001838)」

사진 촬영 및 자료 협조처
열린서당 · 김남석 · 한국탐험연맹 · 우리역사문화연구소 · 전쟁기념관

Did you think Goguryeo is Tang China's vassal!

There was a man in Goguryeo Kingdom. He was taller than the average person and light shone from his eyes. Always carrying a long sword, he was overwhelming just to look at, and you could tell he was not an ordinary man. At the time, Tang China claimed to be the center of the world, but they trembled with fear because of him. Even without being a king, he possessed tremendous political powers, which he used to protect Goguryeo Kingdom. The name of this great man is Yeon Gaesomun.

For more than 20 years, Sui Dynasty frequently mobilized millions of soldiers to invade Goguryeo. But they suffered defeat every time, and ultimately met its ruin. After the fall of Sui, Tang Dynasty took over and unified China. Tang also carried out a series of attack on Goguryeo, but their attempt only met with continuous failure because Yeon Gaesomun was there to protect his kingdom. Taejong of Tang Dynasty, who ruled over the world, even left a will for his son not to attack Goguryeo any more.

At the heart of Goguryeo Kingdom - the Northeast Asia's strong man that stood up against Tang China - stood Yeon Gaesomun. He is the man best representing the nature and capacity of his homeland. He was not even the son of the heavens or the king, but just a man of a government rank similar to prime minister. Let us now search into this book, and discover how he gained his political powers to protect his homeland, the Goguryeo Kingdom.

머리말

고구려가 당나라의 신하인 줄 알았더냐!

고구려에 한 사내가 있었다. 보통 사람보다 키가 크고, 눈에서는 섬광이 일고 늘 큰 칼을 차고 다녔다. 보기만 해도 겁이 날 정도로 비범해 보이는 사내였다. 이 사내 때문에 천하의 중심이라고 큰소리치던 당나라가 벌벌 떨었다. 임금도 아니면서 엄청난 권력을 갖고서 고구려를 지켰던 인물, 그가 바로 연개소문이다. 수나라는 100만 대군을 동원해 20여 년 동안 여러 차례 고구려를 침입했다가 크게 패해 결국 멸망했다.

그리고 이어서 당나라가 중국 대륙에 등장했다. 당나라 또한 여러 차례 고구려를 공격했으나 연개소문이 버티고 있어서 공격은 실패의 연속이었다. 천하를 주름잡았던 당 태종은 유언으로 아들에게 고구려를 공격하지 말라는 말까지 남겼다.

그러나 연개소문이 죽자 세상은 빠르게 변했다. 어제의 적이 오늘의 우방이 되었다. 이런 틈새를 잘 이용한 것이 신라와 당나라이다. 두 나라는 협공 작전을 펼쳐서 백제를 멸망시켰다. 그리고 연개소문의 못난 아들들의 다툼으로 고구려는 멸망에 이르렀다.

고구려는 멸망한 후에도 유민들이 발해를 세웠으며, 발해가 거란족에게 멸망하고 그 유민들이 200년 넘게 나라를 이끌며 당나라에 대항했다. 그리고 많은 발해의 유민들이 왕건이 세운 고려의 백성이 되었다. 왕건은 후삼국을 통일하고 국호(나라 이름)를 고려라 정했다. 고구려를 계승한다는 뜻이다.

옛날 고구려는 '고려'라 불렸다. 이처럼 동북아시아의 강자 고구려는 수백 년이 흐르면서도 그 정신은 살아남아 오늘에 이르고 있다. 그 고구려의 중심에는 연개소문이 있다. 고구려의 기질과 배포를 가장 잘 지니고 있는 인물이 바로 연개소문이다.

연개소문은 천손의 자손인 임금도 아니었다. 대막리지, 즉 오늘날 국무총리 정도의 벼슬을 가졌다. 그가 어떻게 권력을 차지하고 고구려를 지키려 했는지 이제부터 그의 생을 찾아서 떠나 보자!

연개소문을 생각하며

2006년 9월 1일

김남석

차 례

머리말	06
이 나라를 어찌할 것인가!	11
천리장성을 건설하라	37
연개소문 막리지가 되다	45
죽느냐 사느냐	61
고구려는 연개소문이 지킨다	81

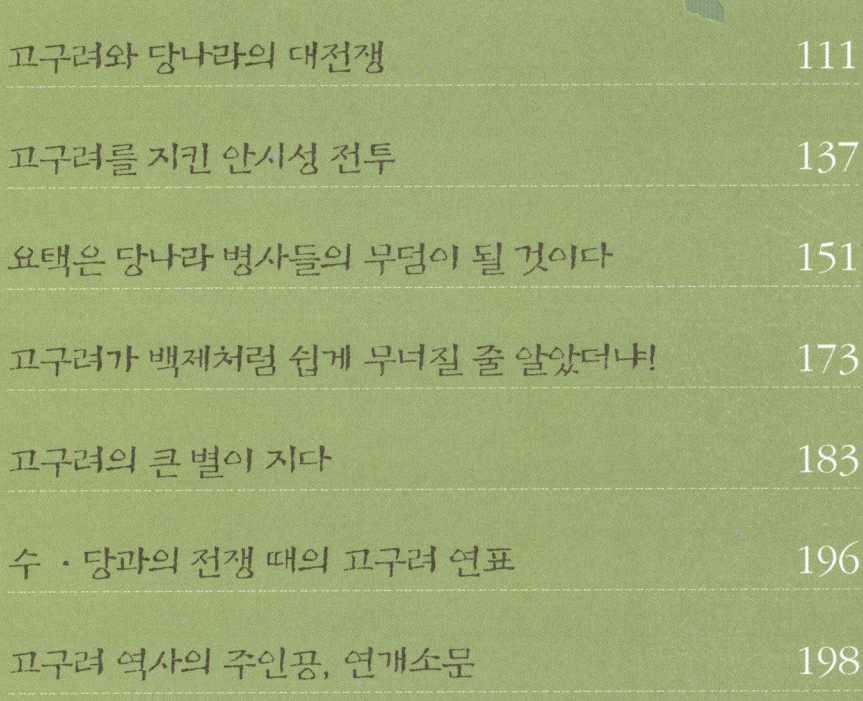

고구려와 당나라의 대전쟁	111
고구려를 지킨 안시성 전투	137
요택은 당나라 병사들의 무덤이 될 것이다	151
고구려가 백제처럼 쉽게 무너질 줄 알았더냐!	173
고구려의 큰 별이 지다	183
수·당과의 전쟁 때의 고구려 연표	196
고구려 역사의 주인공, 연개소문	198

모란봉▶
평양 대동강변에 위치하고 있다. 예로부터 이름난 명승지로 본래 금수산이라 불렸는데, 산의 생김새가 모란꽃 같다고 해서 모란봉이라 불린다.

　하늘에는 초저녁부터 초승달이 떠 있더니 어둠이 몰려오자 구름 사이로 아련히 모습을 드러냈다.
　조금은 차갑게 느껴지는 달빛이 대동강에 잠겼다 나왔다 숨바꼭질하며 조용히 흐르고 있다. 큰 칼을 양옆에 찬 키가 훤칠한 사내가 유유히 흐르는 대동강을 바라보고 있다. 그의 눈빛은 시퍼런 날이 선 칼날처럼 날카로웠다. 얼굴에는 고뇌의 그늘이 짙게 드리워져 있다.
　대동강 건너 넓은 들에서는 가을걷이가 막 시작되었는지, 벼가 베어진 텅 빈 논들이 꽤 있었다. 조금 있으면 10월 상달이다. 한

해의 추수를 기념하며 대대적인 동맹 행사를 눈앞에 두고 있다. 동맹 행사는 고구려에서 가장 큰 축제이다.

'가을걷이가 끝나기도 전에 결단을 내려야 한다. 아, 죽느냐 사느냐!'

사내는 깊은 한숨을 길게 내쉬고는 눈을 감는다. 잠시 후 두 눈에서 굵은 눈물이 주르륵 흘러내린다.

'이 나라를 어찌할 것인가!'

사내는 얼굴을 들어 시퍼런 기운을 뿜고 있는 초승달을 올려다본다. 그리고 긴 칼을 빼서 허공을 향해 높이 쳐든다. 달빛이 꽂힌 칼날에서 서슬 퍼런 기운이 뿜어져 나온다. 그가 바로 고구려의 영웅 연개소문이다.

사내의 두 눈은 맹렬히 타오르는 불꽃처럼 이글거리고 가슴은 얼음장처럼 차갑다. 사내는 칼을 허공에 대고 힘차게 휘두른다. 그 때마다 허공이 갈라지는 듯 획획 바람 소리가 난다. 순간 영류왕과 대신들이 비명에 쓰러지는 환영이 떠오른다. 그는 입술을 지그시 깨물고는 뚫어져라 칼날을 쳐다본다. 칼에서 피가 주르륵 흐른다.

아버지 연태조가 그리웠다. 한편으로는 자신에게 막리지 벼슬을 잇게 한 아버지가 원망스럽기도 하다.

'차라리, 차라리 평범한 농사꾼의 자식으로 태어났다면……'

사내는 피를 토할 것 같은 괴로운 얼굴로 다시 한 번 달을 올려다본다. 달빛에 아버지 연태조의 얼굴이 일렁인다.

"수나라를 멸망시키고 일어난 당나라가 반드시 고구려를 정복하려고 할 것이다. 그 날을 대비해 고구려는 철저한 준비를 해야만 한다. 이제 세상은 강한 자만이 살아남을 수 있다. 고구려는 강해야 한다."

아버지 연태조가 늘상 입에 담고 있던 이 말이 그의 심장에 화살이 되어 꽂힌다.

'고구려를 위하여!'

'고구려를 위하여!'

'고구려를 위하여!'

당나라가 세워지다

고구려를 네 차례나 공격했다가 실패해 국력을 탕진한 수나라는 곳곳에서 반란이 일어났다. 당나라를 세운 이세민은 수나라 지방을 다스리던 장수로서 반란을 일으켰다. 그리고 아버지 이연을 당나라 황제로 세웠다.

당나라 황제에 오른 이연은 수나라를 멸망에 이르게 한 고구려와는 적대 관계를 맺고 싶지 않았다. 마침 수나라와는 철천지원수처럼 지냈던 영양왕이 죽고 영류왕이 고구려의 임금이 되었다. 그는 아버지 영양왕과는 달리 당나라에 사신을 보내 화해의 손짓을 보냈다. 당나라로서는 내분을 잠재우고 다른 나라들을 통일해야 했으므로 절대 손해 볼 일이 아니었다.

"고구려가 먼저 화해의 손짓을 보내 왔다. 못 이기는 척하고 들어주도록 하라!"

이연은 고구려의 진짜 속마음을 알아보기 위해 사신을 보냈다. 여러 차례 사신이 오고 가는 동안 비로소 당나라는 영류왕의 마음을 알아차렸다. 영류왕은 전왕인 영양왕과는 달리 당나라의 속국으로 살고자 했다.

이연은 몽골 초원에서 일어난 돌궐을 무력으로 쳐부수고 고구려와는 일단 화친을 하는 게 좋겠다고 생각했다. 수나라의 100만 대군을 무찌른 고구려는 만만히 볼 상대가 아니라는 사실을 알고 있었다.

당나라가 수나라를 멸망시키고 주변 국가들을 속국으로 삼고자 전쟁을 일으키자, 신라는 재빠르게 사신을 파견했다. 당시 신라와 고구려는 적대 관계였다. 고구려는 예전 수나라와 20년 동안 싸우느라 남쪽 한강 유역을 신라에 빼앗겼었다. 그래서 고구려는 잃어버린 한강 유역을 되찾기 위해 신라를 공격했다. 당시 삼국은 한반도에서 한강 유역을 두고서 치열한 전투가 벌어지고 있었다.

"황제 폐하! 고구려가 신라의 영토를 자꾸 침범하니 막아 주옵소서!"

이에 당나라 황제는 고구려가 정말 당나라 말을 잘 듣는지 알고 싶어서 사신을 보냈다.

'고구려 왕에게 이르노니 신라와 백제와 사이좋게 지내기 바란다. 신라는 당나라가 보호하는 속국이므로……'

당 태종의 편지를 받은 영류왕은 대신들과 함께 모여 의논을 했다.

"당 태종의 편지가 오만방자하기가 하늘을 찌르옵니다. 고구려에 이런 불손한 편지를 보내다니요. 이대로 용서해서는 아니 되옵니다. 당장 사신의 목을 쳐 고구려가 강함을 보여 줘야 하옵니다."

연개소문의 아버지 연태조는 부글부글 끓어오르는 감정을 추스르며 나약한 대신들을 향해 쏘아붙였다. 이에 영류왕과 일부 대신들은 긴 한숨만 내쉴 뿐 이렇다 할 말이 없었다.

"짐의 생각으로는 당나라와 싸워서 좋을 게 하나도 없다는 생각이 든다. 당나라는 우리가 상대했던 수나라와는 여러 면에서 다른 나라이다."

영류왕은 당나라에 사절을 보내 당 고조의 말을 따르겠으며 신

련관정
대동강의 지형을 이용해 평양성은 세워졌다. 평양성을 애워싸고 있는 대동강은 일종의 방어 역할을 하는 해자 구실을 했다.

라와는 사이좋게 지내겠다는 답신을 보냈다. 한마디로 당나라에 꼬리를 내린 고구려의 첫 판정패였다.

이에 수나라 100만 대군을 물리쳤던 막리지 연태조와 그 밖의 장수들의 불만이 거셌다. 그러나 천손의 자손인 국왕이 결정한 일이었다. 어느 누구도 그 결정에 따르지 않을 수가 없었다.

고구려를 떠보려던 당나라 황제는 영류왕의 답신을 보고 크게 기뻐했다. 반란군을 진압해야 하고 또 돌궐과 싸워야 하는 당나라로서는 고구려가 화친을 원한다는 것을 알고 천군만마를 얻은 것과 다를 바 없었다. 만에 하나 고구려가 이 시점에서 당나라에 도전장을 내면 오히려 당나라 쪽에서 굽실거리며 화친을 요구했을 것이다. 그런데 뜻하지 않게 영류왕은 겁을 잔뜩 먹고 당나라 말을 잘 듣겠다면서 스스로 꼬리를 내린 것이다.

영류왕의 나약함을 본 당나라는 노골적으로 고구려를 신하의 나라로 여기고 조공을 바치라고 했다. 영류왕은 해마다 꼬박꼬박 당나라에 엄청난 조공을 바쳤다. 수나라를 물리쳤던 고구려 백성들과 장수들은 당나라의 요구에 점점 불만이 쌓여 갔다.

포로 교환

어느 날 당나라에서 사신이 왔는데, 포로 교환을 하자는 당나라 황제의 편지를 가져왔다.

"이제 당나라와 요동을 지배하는 고구려는 화친의 길을 가고 있다. 바라건대 고구려에 붙잡혀 있는 수나라 군사들을 모두 돌려보내도록 하라! 물론 수나라 때에 붙잡힌 고구려 병사들도 돌려보낼 것이다."

수나라는 20년 동안 고구려를 침공했다. 그 때마다 패배해 포로가 된 수나라 병사들이 고구려에서 노예처럼 살고 있었다. 수양제의 100만 대군이 쳐들어와 살아 돌아간 자가 겨우 3,000여 명, 당시 포로가 된 수나라 병사들은 수만 명에 이르렀다.

요하
중국 동북 지방 남부 평원을 가로질러 황해로 흐르는 랴오허 강(요하)은 약 1,400km에 이른다. 고구려는 요하를 넘나들며 수·당과 싸웠다.

당 고조의 서신을 받은 영류왕과 신하들은 그대로 따르기로 결정을 내렸다. 이에 막리지 연태조가 크게 반발했다.

"수나라 포로가 수만 명인 데 비해 고구려 포로들은 수천 명이 옵니다. 그러니 수나라를 멸망시키고 세운 당나라는 많은 비용을 고구려에 지불하고 포로들을 데려가야 할 것입니다. 지금 수나라 포로들은 성을 보수하고 농사를 지으며 고구려의 부흥을 위해 반드시 필요한 일꾼들입니다. 이들이 빠져 나가면 대체할 인력이 없습니다. 이것은 국가적으로 큰 손해입니다."

"연 대감, 그렇다고 당나라 황제의 말을 어길 수는 없소이다.

그러다가 전쟁이라도 나면 어쩌시려고요?"
"대감, 당나라가 어찌 그리 두렵다고만 하십니까? 우리 고구려는 당나라의 신하가 아니올시다. 거만한 당 고조의 말을 그대로 따를 정도로 고구려의 국력이 약하다는 말씀이십니까?"

"내 말은……. 지금 고구려는 평화를 원해요. 수나라와의 길고 지루한 전쟁으로 못 쓰게 된 농토를 기름지게 만들어야 합니다."

당나라와의 화친을 원하는 영류왕은 고구려의 각 성주들에게 왕명을 내려 보냈다.

"수나라 포로들을 한 명도 빠뜨리지 말고 요동성으로 집결시켜라. 포로 열 명당 한 명씩 고구려 병사가 호위를 맡는다. 숫자에 관계없이 양국의 포로들을 교환하도록 하라!"

연태조는 왕명을 거역할 수 없었다. 아니, 시대의 흐름을 거역할 수 없었다. 고구려도 오랜 전쟁에서 지쳐 있었다. 그래서 백성들은 내심으로는 모두 평화를 원했다. 그러나 적어도 영류왕처럼

삼족오
고구려 벽화에 자주 등장하는 삼족오는 세 발 달린 상상의 까마귀로 태양을 상징한다. 이는 고구려인이 하늘의 자손임을 나타내기 위한 것이었다.

굴욕적인 평화를 원하지는 않았던 것이다. 이것이 바로 고구려의 기질이었다.

결국 수만 명의 수나라 포로들은 요하를 사이에 두고 포로 협상이 이루어져 당나라로 돌아갔다.

때마침 손해 본 포로 협상 때문에 속이 상해 있는 연태조를 더욱 화나게 하는 일이 발생했다. 바로 요동 지역에 있는 경관을 당나라 사신이 없애 버린 것이다. 경관이라고 하는 것은 고·수 전쟁 때에 죽은 수나라 군사들의 시체를 차곡차곡 쌓아 흙으로 덮어 산처럼 만든 전쟁에서 승리한 기념물이었다. 요동에는 이러한 경관이 자랑스럽게 곳곳에 세워져 있었다.

그런데 당나라 사신 장손사가 요동에 세워져 있는 경관 앞에서 제사를 지내고 경관을 허물었던 것이다. 이 소식이 요동의 백성들을 통해 평양성에까지 전해졌다.

"일개 사신이 어찌 이런 경거망동을 한단 말인가."

"폐하! 경관은 고구려의 자존심이옵니다. 장손사의 목을 쳐 그 죄를 묻고 당 고조에게도 책임을 물어야 하옵니다."

"짐이 장손사에게 어찌 그런 경거망동을 했느냐고 책임을 물었더니, 장손사가 이르기를, 경관은 고구려와 당나라의 평화를 깨뜨리는 과거의 유물이므로 없애야 한다고 하거늘……."

"폐하! 이제 당나라는 요동에 세워져 있는 경관을 모두 허물라고 요구할 것이옵니다. 폐하, 통촉하옵소서!"

연태조는 엎드려 분함을 삭이지 못해 결국 통곡했다. 그러나 일부 신하들은 연태조의 행동을 못마땅하게 여기며, 당나라와 평화를 위해서는 경관쯤이야 없애도 좋다는 식이었다. 이에 연태조는 불같이 화를 냈다.

"경관을 허문 것은 고구려 백성들의 마음을 갈기갈기 찢은 것이나 다를 바 없사옵니다."

연태조의 말대로 요동 곳곳에서 경관이 사라지자 고구려 백성들은 한탄하며 가슴을 쓸어 내렸다. 영류왕에 대한 비판이 쏟아졌지만, 그러나 영류왕은 당나라와의 전쟁보다는 굴욕적인 평화를 원했다.

당나라를 세운 당 고조는 중원 지역에서 일어난 반란군들을 진압하느라 고구려를 넘보지 못했다. 이 때 고구려의 장수들은 당나라를 공격하자고 했다. 그러나 영류왕은 수나라와의 20년 전쟁을 겪으며 입었던 피해를 복구하는 데에 더 신경을 써야 한다며 반대했다. 특히 귀족들이 거느린 넓은 땅은 파괴되어 폐허나 다름없었다. 귀족들은 오랜 만에 누리고 있는 평화를 또다시 전쟁의 도가니로 몰아넣고 싶지 않았다.

고구려의 명장 을지문덕 동상
살수에서 수나라를 무찔러 대승을 거두었다.

이런 고구려의 상황에 대해 연태조를 비롯해 수나라와 싸웠던 장수들은 불만이 많았다.

"을지문덕 장군이 지하에서 통곡하겠소이다."

"벌판에서 쓰러져 간 고구려 병사의 혼을 생각도 안 하는 모양이오."

고구려 영류왕은 해마다 당나라에 비단과 금은보화를 가득 수레에 실어 보냈다. 당 고조는 너무 기뻤다. 수나라가 수백만 대군을 동원해도 눈 하나 깜빡하지 않았던 고구려가 알아서 제 발로 기어 들어오고 있다고 생각했다.

"고구려에서 온 사신들을 잘 대접하도록 하라!"

당 고조는 칼 한 번 사용하지 않고서 만주의 최강자 고구려를 제압했다고 생각했다. 사태가 이 지경이 되다 보니 전쟁터에서 피를 흘리며 싸웠던 장수들은 불만이 점차 거셌다.

더구나 영류왕이 즉위한 지 5년이 되었을 때, 당 고조는 이제는 아예 고구려를 신하의 나라로 여겼다.

"해마다 빠뜨리지 않고 고구려 사신이 먼 길을 달려와 짐을 기쁘게 하는도다! 하늘의 명을 받들어 온 세상 사람이 나의 사랑을 입을 것이다. 고구려 영류왕은 변방의 왕으로 요하 동쪽을 통치하면서 나의 명령을 받들고 조공을 빠뜨리지 않으니 칭찬할 만한 일이다."

당나라에 갔다 온 사신의 편에 보내 온 당 고조의 편지는 고구려를 신하의 나라로 생각하고 있었다.

영류왕은 당 고조가 보낸 편지를 읽고 말없이 입술을 지그시 깨물었다. 그러나 이렇다 할 표정을 보이지 않았다. 분노도 슬픔도 없는 나약한 모습 그대로였다.

"폐하! 당나라의 세력이 워낙 커지고 있사옵니다. 다행히 고구려와는 화평을 원하고 있사옵니다. 굽어 살피소서!"

영류왕은 가볍게 고개를 끄덕였다. 하지만 과거 20년 동안 수

살수대첩도 세계 전쟁 역사상 찾아보기

힘든 전승을 거둔 을지문덕 장군의 살수대첩. 수나라의 30만 5천여 명의 병력 가운데 살아난 자가 겨우 2천7백여 명이었다 한다.

나라와 전쟁을 치르며 싸웠던 용맹스러운 고구려인의 모습은 이미 보이지 않았다.

이 때 연태조가 나섰다.

"폐하! 감히 동북아시아의 최강인 고구려를 우습게 보고 있나이다. 고구려가 약한 모습을 보이게 되면 주변 작은 나라들이 고구려의 말을 듣지 않을 것이옵니다. 수나라의 백만 대군을 물리쳤던 고구려이옵니다. 당나라를 향해 이제 칼을 빼어 들어야 하옵니다."

연태조의 말에 대신들은 수군거리며 째려보았다.

"이보시오, 막리지. 고구려는 이십 년 동안 수나라와 전쟁을 치렀소이다. 당나라가 고구려를 넘보지 않고 있는데, 어찌해서 당나라와의 전쟁을 준비하자는 것이오?"

"지금 당나라는 여러 지역에서 일어난 반란군들을 수습하느라 고구려와는 겉으로 평화를 원하고 있소. 이제 곧 당나라가 통일을 하게 되면 그 힘을 이용해 수나라 때에 성공하지 못한 고구려 침공을 감행할 것이오. 이 날을 위해 성을 보수하고 군선을 만들고 칼과 창을 준비해야 하오."

"막리지는 입만 열었다 하면 그 지긋지긋한 전쟁 소리만 하는구려. 우리 고구려는 그 동안 너무 많은 전쟁에 시달렸소. 이제 백성들은 겨우 달콤한 평화를 맛보고 있는 중이오. 전쟁 움직임도 없는데 어찌 백성들을 또다시 힘들게 한단 말이오? 백성들의 원망의 소리가 들리지 않소?"

대신들 대부분이 나서서 막리지 연태조를 탓했다. 이에 연태조가 한 마디 더 하려고 하자 영류왕이 말렸다.

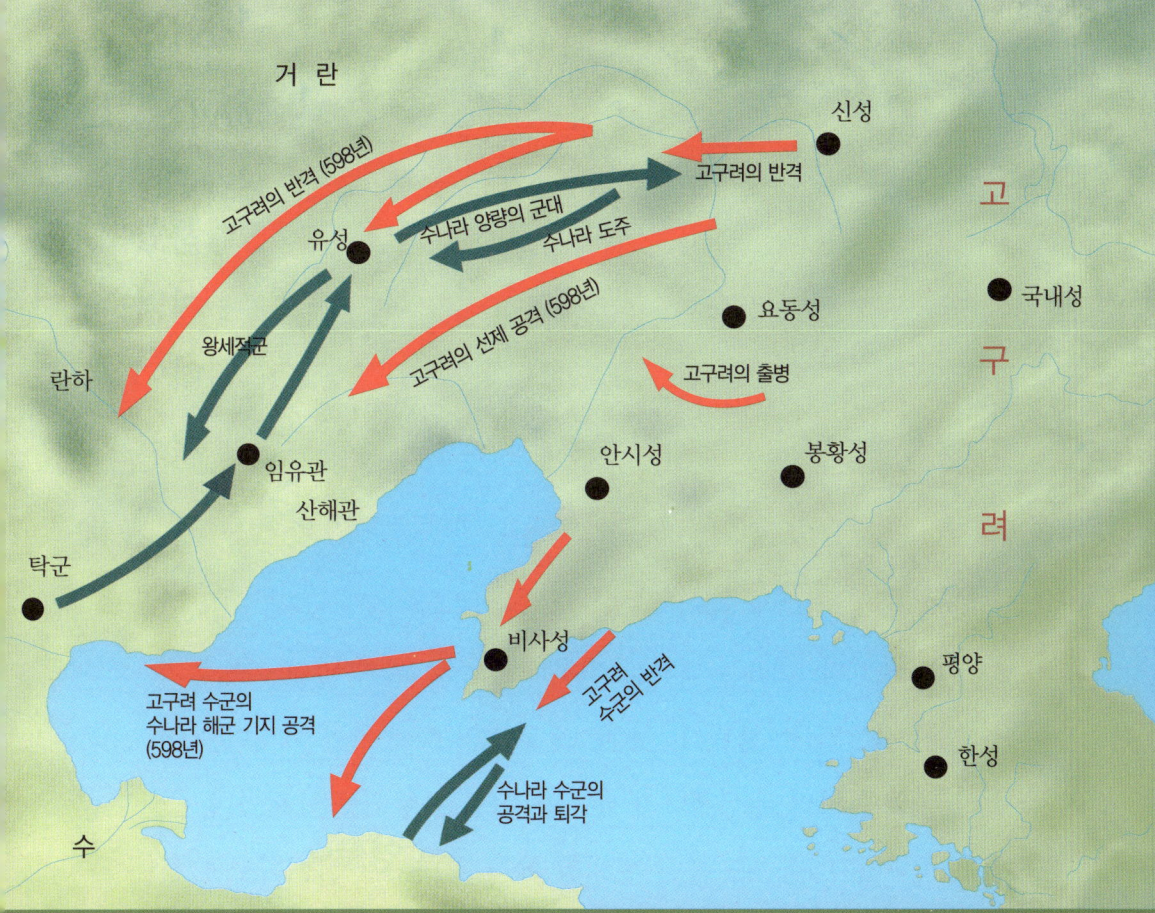

고구려의 선제 공격 고구려군은 선제 공격을 통해 수나라의 기세를 꺾어 놓았다.

"그만들 하시오. 두 사람 말이 모두 맞소. 그러나 짐의 생각으로는 당나라와는 친하게 지내는 것이 옳은 듯하오."
"폐하! 당나라와의 관계가 화친이 아니라, 점점 신하의 예를 갖추라며 불손한 태도를 보이고 있지를 않사옵니까? 당나라의 요구를 자꾸 들어주게 되면 고구려의 자존심은 어디에서 찾아야 하옵니까? 수나라와 이십 년 전쟁에서도 끝까지 싸웠던 고구려의 강인함은 어디서 찾아야 하옵니까?"
영류왕은 더 이상 듣기 싫다는 듯 손을 내저었다. 그러자 연태조도 입을 닫고는 물러섰다.

"앞으로 당나라와는 화친을 계속 유지시켜 나가겠다는 것이 짐의 뜻이오. 그러니 대신들은 이 뜻을 잘 살펴 정사를 돌보기 바라오!"

형제를 죽이고 임금이 된 당 태종

어느 날 당 고조는 태자를 비롯해 성주로 나가 있던 아들들과 신하들을 궁궐로 불렀다. 이 때 당 고조의 둘째 아들 이세민은 여러 장수를 미리 매수했다가 태자를 비롯해 형제들을 죽였다. 그리고 아버지 당 고조를 위협해서 황제 자리에서 물러나도록 했다. 그리고 스스로 임금이 되었다. 그가 중국의 황제 가운데 정치를 잘 한 것으로 손꼽히는 당 태종이다.

당 태종은 초기에 형제들과 아버지를 죽이고 임금이 되었으므로 여러 지역의 성주로부터 지탄을 받았고, 백성들로부터 패륜아라는 소리를 들을 정도로 도덕성을 잃은 상태였다.

이에 당 태종은 주변 국가들과의 전쟁을 통해 자신의 떨어진 위신을 다시 세우려는 계획을 세웠다.

그 첫째 상대가 돌궐이었다.

당시 몽골 초원에서 살던 투르크 계통의 돌궐은 흩어져 있던 부족을 통일해 중앙아시아 전역으로 세력을 떨쳤다. 급기야 새로운 강자 당나라와 부딪히지 않을 수가 없었다. 고구려도 영양왕 때 북쪽 돌궐과 수나라의 침입을 막느라 남쪽인 한강 유역을 신라에 빼앗기는 아픔을 겪었었다. 당나라 또한 두 나라와 한꺼번에 싸울 수는 없었다. 그래서 선택한 방법이 고구려와는 화친을 제의하고 돌궐과는 대전쟁을 시작했다.

당 태종은 총력을 기울여 돌궐을 제압했고 돌궐의 우두머리 힐리극한을 사로잡아 전시 용품으로 이용했다. 돌궐이 크게 패하자 주변의 여러 부족들이 당나라에 저절로 무릎을 꿇었다.

지안 시내
이 곳에는 3세기 초에서부터 427년 평양으로 옮겨 갈 때까지 고구려의 국내성과 환도성이 있었다.
과거 고구려의 영토였던 이 곳에 남아 있는 유적으로는 광개토 대왕비, 태왕릉, 장군총, 사신총, 삼실총, 환도산성하 고분군, 환도성, 국내성 등이 있다.

당나라는 고구려에 사신을 보내 돌궐을 멸망시켰음을 은근히 자랑했다. 그러면서 고구려가 당나라 말을 안 들으면 돌궐처럼 멸망에 이른다는 점을 보여 주려고 했다.

결국 영류왕은 돌궐을 무찌른 승전 축하 사절단을 대규모로 당나라에 보내기로 했다. 당 태종의 비위를 맞추기 위한 방법이었다. 더구나 사절단이 가져갈 선물은 고구려 전국 지역이 자세히 나타나 있는 '봉역도', 즉 봉수와 성이 나와 있는 국경 지도였다. 이 때 연태조는 죽기를 작정하고 봉역도를 당나라에 보내는 것을 반대했다.

"봉역도를 당나라에 보내시면 아니 되옵니다. 지도는 나라의 군사 기밀입니다. 고구려의 강과 산성, 마을 등이 나타나 있는 지도를 보내시는 것은 나라의 귀중한 정보를 적에게 스스로 알려 주는 꼴이 되옵니다. 통촉하시옵소서!"

연태조의 울부짖음에 영류왕은 짜증난 얼굴로 대신들을 둘러보았다. 이 때 화친을 주장하던 대신 하나가 큰 소리로 영류왕을 대신해 말을 이었다.

"연 대감! 지금 당나라는 적국이 아니옵니다. 당나라에 봉역도를 보내는 것은 양국의 우의를 더욱 돈독히 하자는 뜻입니다. 당 태종께서는 고구려를 더욱 믿고 형제 국가로서 대우를

할 것이옵니다."

"이보시오, 대감! 어찌 그런 망발을 하는 게요? 나라의 지도를 당나라에 넘겨주는 행위는 나라와 백성을 팔아먹는 행위라는 사실을 어린아이도 다 알 것이오. 수나라의 침략에 맞서 싸우다 죽은 고구려 병사들의 원혼이 아직도 요동 벌판에 떠돌고 있다는 사실을 모르오?"

"연 대감, 지금 무엇이라고 했소? 지금 이 자리에 폐하께서 계신 것을 모르고 하는 말이오? 고구려를 팔아먹는다고 했소?"

"저런 나약한 자들로 인해 나라 꼴이 이렇게 된 것이오. 수나라와 네 차례 싸워 그들을 멸망시킨 고구려가 아니오?"

"지금 천하가 당나라의 깃발 아래 벌벌 떨고 있는 걸 모르오?"

"천하가 떨다니? 우리 고구려가 어찌 당나라보다 못하단 말인가. 당나라가 새로운 대국이라고는 하나 멸망한 수나라를 이은 역사가 짧은 나라이외다. 이들의 경거망동을 그대로 두었다간 더 큰 화를 자초할 것이 분명하오이다."

연태조는 화가 나서 핏대를 올리며 당장 군사를 동원해 당나라를 징벌해야 한다고 주장했다.

당나라의 힘이 더 커지기 전에 공격을 해야 한다는 것이었다.

"저…… 저런. 어찌하여 막리지는 입만 열면 전쟁을 부르짖는 거요? 왜 오늘의 평화를 깨려고 하는 겐가 말이오."

"난 전쟁을 좋아하질 않소. 그러나 이러다간 고구려가 당나라의 속국으로 영원히 노예처럼 살까 봐 그게 걱정이 돼서 하는 말이오."

한 치의 양보도 하지 않고 싸우자 여러 대신들이 뜯어말리는 통에 조정은 잠시 가라앉았다. 모두 얼굴이 벌겋게 달아오르고 화가 풀리지 않은 듯 서로 바라보지도 않았다. 이 때 영류왕이 한 마디 거들었다.

"듣자 하니, 연 대감의 말이 너무 지나치오. 당나라와 고구려가 잘살아 보자는 뜻이니 그리 알고 더 이상 말을 꺼내지 말도록 하오."

연태조는 하는 수 없이 한숨을 쉬고 입을 다물었다. 이처럼 한번 잘못 선택한 방법으로 인해 고구려는 계속 당나라의 요구를 들어주며 20년 가까이 끌려 다녀야만 하는 수모를 겪었다.

요동성
중국 동북 지방의 옛 성으로 일부는 지린 성에 병합되고 지금은 랴오닝 성이 되어 있다. 요동에서 제일 큰 성이었다.

　영류왕은 자신에게 쏟아지는 장수들의 비난의 소리를 잘 알고 있었다. 그래서 연태조가 끈질기게 주장하고 있는 천리장성 건설을 막는다면 사태가 심각해질 것 같았다. 고구려가 당나라를 대비해 준비하고 있다는 모습을 장수들에게 보여 줄 필요가 있었다. 그래서 막리지 연태조를 불러 천리장성 건설을 허락했다.

　천리장성은 만주의 부여성에서 황해의 비사성에 이르기까지 1,000리에 성을 쌓는 대규모 건설 공사였다.

　천리장성이 완공되려면 16년이나 걸리는 대공사였다. 영류왕은 당나라의 침입에 대비해 성을 쌓는 것이 아니라, 당나라와 대

적해야 한다는 신하들의 불만을 잠재우기 위해 성을 쌓았다.

"당 태종이 천리장성 건설 문제를 들고 나오면 어찌할꼬!"

영류왕은 요동 지역 1,000리를 따라 곳곳에 성이 지어지고 있다는 보고를 받고는 큰 걱정을 했다. 이세민이 아버지인 당 고조를 왕위에서 내몰고 스스로 황제가 되어 당나라를 다스릴 때에도 고구려는 변함없이 충성을 다했다. 이에 당 태종은 아버지 때와 마찬가지로 고구려를 우선은 위협적인 존재로 여기지 않았다. 고구려가 신경을 쓰지 않게 하는 동안 당나라는 대규모 군사를 동원해 주변의 다른 이민족들을 정벌하며 영토를 넓혔다.

당나라는 서쪽의 토번(티베트)과 싸워 승리했으며, 639년 12월에는 서역의 소국들을 공격해 굴복시켰다. 640년에는 고창국을 멸망시켰다. 그리고 642년 서돌궐은 당에 압박을 받다가 642년 결정적인 타격을 받고 쇠약해졌다.

"이제 당나라 세상이 되었도다!"

영류왕은 당나라의 영토 확장을 두려워만 할 뿐 고구려를 크게

키울 생각을 하지 못했다.
　당나라는 이제 어느 나라나 두려워하는 대국으로 성장했다. 이제 당 태종은 마지막 요동의 지배자 고구려를 삼킬 욕망을 서서히 드러내기 시작했다.

연태조 세상을 뜨다

"당나라의 국력은 세상을 지배할 정도로 커졌는데, 고구려는 당나라에 고개를 숙이고 백제, 신라와의 소규모 영토 전쟁을 일삼고 있을 뿐이니 참으로 답답하다."

고구려가 처한 현실을 생각할 때마다 마음의 병이 깊어져서 연태조는 그만 자리에 눕고 말았다. 연태조는 자신의 힘으로 영류왕과 화친을 주장하는 대신들을 설득하기 어렵다는 것을 잘 알고 있었다.

"고구려를 위하여 사려 깊게 결정하고 행동하라!"

연태조는 자리에 누운 뒤, 아들 연개소문을 매일 불러 고구려가 헤쳐 나갈 많은 문제들에 대해 이야기를 해 주었다.

"수나라 백만 대군을 을지문덕 장군이 살수에서 크게 무찔러 살아 돌아간 자가 불과 수천이었다. 이처럼 장수는 지략이 있어야 하느니라. 지략이 있은 다음 용맹이 필요하지. 남쪽으로는 한강 유역을 반드시 찾아야 하고, 요동을 튼튼히 해야만 고구려가 안전하다. 천리장성을 반드시 네가 완성하도록 해라."

연태조는 짧은 시간 동안 너무도 많은 이야기를 연개소문에게 해 주었다. 연개소문은 아버지가 동부 막리지로서 정치를 어떻게 해 왔는지 알게 되었다. 또한 수나라와의 전쟁을 통해 얻은 지혜

천리장성 위치 요동은 성과 성을 연결할 특별한 이유가 없어서 고구려는 방어선을 따라 각각의 성을 구축했다. 황해의 비사성에서 부여성까지를 천리장성이라 부른다. 요택을 지나서는 당나라 땅도 고구려 땅도 아닌 완충 지대였다.

와 용맹을 그대로 이어받았다.

"너는 내 뒤를 이어 동부 막리지가 될 것이다. 막리지는 나라의 정치에 매우 중요한 자리이다. 임금을 잘 보필하여 고구려에 반드시 도움이 되는 신하가 되어야 한다."

연태조는 몸을 움직일 수조차 없을 정도로 병든 몸이었지만, 마지막까지 고구려를 위해 모든 것을 아들 연개소문에게 쏟은 후 세상을 떴다.

천리장성을 건설하라 | 43

연태조가 죽자 영류왕과 조정 대신들은 슬퍼하며 장례를 성대하게 치러 주었다. 한편으로는 매사에 당나라와의 화친을 반대하며 트집을 잡고 못마땅하게 생각하는 연태조가 사라지자 앓던 이를 뺀 것같이 기분이 좋았다.

그러나 연태조의 아들 연개소문이 막리지의 지위를 잇는다는 소식이 퍼지자 긴장하지 않을 수가 없었다. 연개소문은 이십대 초반의 청년이었지만 아버지를 닮아 용맹하고 지략이 뛰어난 자라고 일찍이 알려져 있었다.

"폐하! 연개소문이 동부 막리지의 벼슬을 얻게 되면 이 나라는 또다시 평지풍파가 일 것이옵니다. 헤아려 주시옵소서!"

"나라의 법이 그 애비의 벼슬을 자식이 물려받는 것으로 되어 있는데, 무슨 방법으로 막을 수 있단 말인가?"

고창 고성
실크로드의 중심에 있었던 고창 고성. 중국의 투루판 서쪽 교외에 있는 고성 유적이다. 고창국도 당나라의 침입을 막아 내지 못하고 멸망했다. 당나라는 고구려와의 전쟁을 뒤로 미루고 서역 정벌에 힘을 쏟았다.

연개소문 막리지가 되다

"폐하! 연개소문은 아직 나이가 어리므로 좀 더 세상 경험을 한 다음에 막리지의 벼슬을 이으라고 하시옵소서!"

"아니 되옵니다. 폐하! 그렇게 되면 오히려 동부 지역 백성들의 불만을 살까 걱정되옵니다."

"그러하옵니다. 동부 지역은 연씨 집안이 대대로 다스리던 곳이옵니다. 다른 사람을 막리지로 보낼 경우 예상치 못한 일들이 벌어질지도 모르옵니다."

"연개소문은 성격이 포악하여, 마음에 들지 않으면 어떤 일을 저지를지 모른다 하옵니다."

연개소문에게 막리지의 지위를 주자는 쪽과 아예 처음부터 막리지 지위에 오르지 못하게 하자는 쪽과의 신경전이 오갔다. 이러한 소식이 연개소문에게까지 전해졌다.

연개소문은 곰곰이 생각을 하다가 대신들이 모여 있는 궁궐로 찾아갔다. 그러고는 대신들 앞에서 무릎을 꿇었다.

"저에 대한 비난을 익히 들어서 잘 알고 있습니다. 기회를 주시면 절대로 실망시켜 드리지 않겠습니다. 소인을 내치지 마시고 동부를 다스리도록 해 주십시오. 반드시 고구려와 폐하께서 필요로 하는 신하가 되도록 하겠습니다."

갑작스러운 연개소문의 등장에 대신들은 다소 놀라지 않을 수가 없었다. 결국 연개소문이 흘리는 눈물을 본 신하들은 그에게 막리지 벼슬을 주기로 결정했다.

그 날 무릎을 꿇고 사죄하는 마음으로 흘렸던 연개소문의 눈물은 훗날 당나라에 굽실거리며 굴욕적인 화친을 주장하는 사람들에게 피눈물을 흘리게 할 보상의 눈물이었다.

연개소문은 막리지가 되어 동부 지역을 다스렸다. 당시 고구려에는 아버지의 벼슬을 그대로 이어받는 관습이 있었다.

연개소문은 막리지가 되어 제일 먼저 천리장성을 완공하는 일에 매달렸다. 그것은 아버지 연태조가 누누이 당나라의 침입을

걱정하며 강조하던 일이었다.

연개소문은 막리지의 지위로 조정에 나아가 두툼한 종이 뭉치를 영류왕에게 건넸다.

"이게 무엇인가?"

"폐하, 천리장성을 완성해야 할 때가 되었습니다."

"천…… 천리장성을 완성한다고?"

"그러하옵니다. 벌써 십 년이 넘었으나 아직 완성하지 못한 성도 있거니와 또 세월이 흘러서 보수해야 할 성도 있사옵니다."

종이를 펼쳐 본 영류왕은 크게 놀랐다. 어느 새 준비했는지 바닷가 비사성에서부터 만주 벌판 부여성까지 완성된 성과 새로 지어야 할 성, 그리고 고쳐야 할 성들이 제대로 그려져 있었다.

"언제 이 곳을 다녀온 적이 있던가? 요소요소에 자세히도 그렸도다."

"폐하! 천리장성을 쌓는 일에 동분서주하셨던 아버지 연 대감을 따라다니며 살펴본 덕이옵니다."

영류왕은 더 이상 말을 하지 않고 고개를 끄덕이며 지도에서 눈길을 떼지 않았다. 그러자 나이 든 신하가 한 마디 했다.

"폐하, 아뢰옵기 황송하오나 당 태종은 고조와는 달리 고구려가 성 쌓는 것을 원치 않을 것이옵니다. 지금 당나라는 서역을 평정하고 이제 고구려의 동태를 살피고 있사옵니다. 눈치껏 행동해야 큰 화를 당하지 않을 것이옵니다."

늙은 신하의 말이 끝나기 무섭게 연개소문이 다시 말을 했다.

"폐하! 바로 그래서 천리장성이 하루속히 완성되어야 한다고 생각합니다. 당나라는 때가 되면 수나라처럼 대군

기마 무사 모형
빠른 기동력을 발휘하는 고구려의 기마 무사. 말을 타고 싸웠으며 철갑 기병과 마찬가지로 쇠로 만든 투구와 목까지 에워싸는 갑옷을 착용했다.

을 동원해 우리 고구려를 공격해 올 것입니다. 그 때를 대비해 성을 튼튼히 쌓고 전쟁 준비를 철저히 해야 할 것이옵니다."

"지금은 태평 시대올시다. 또다시 전쟁 준비를 하게 되면 백성들의 불만이 클 것이외다."

"백성들을 핑계삼아 이십 년 동안 평화를 주장하는 동안 당나라는 천하를 지배하고 이제 고구려에 눈독을 들이고 있습니다."

"이보게! 젊은 막리지. 자네 아버지 연대감과 어찌 그리 빼닮았나. 자네는 그 혈기가 문제야. 난 말일세, 자네가 코흘리개 시절부터 궁궐에 나와 일을 했네. 전쟁은 무슨 얼어 죽을 전쟁인가!"

철갑 기병
고구려의 철갑 기병은 목까지 올라오는 미늘 갑옷을 입고 쇠로 만든 투구를 착용했다. 〈전쟁 기념관 소장〉

"그만들 하게나!"

나이 많은 대신들은 영류왕 편에 서서 여전히 당나라와의 굴욕적인 관계를 지속하며 자신들의 영화를 누리려고 했다. 그러나 연개소문과 젊은 신하들은 당나라의 속셈을 제대로 보고 있었다.

"폐하! 고구려인은 성에서 태어나 성과 함께 살다가 죽사옵니다. 적들이 쳐들어왔을 때 성에 들어가 한 달이고 두 달이고 적이 물러갈 때까지 싸우는 전법은 오래 전부터 있어 왔사옵니다. 고구려의 성은 백성이 살고 죽는 문제와 연결되어 있사옵니다. 고구려의 미래를 위해 반드시 천 리를 연결하는 성을 완성시켜야 하옵니다."

"계획은 좋으나 축성 완성은 잠시 뒤로 미루기 바라노라!"

"폐하! 수나라 백만 대군을 고구려가 무찌른 것도 모두 성이 튼튼했기 때문이옵니다. 천 리 길을 따라 성을 세우고 성벽을 높게 세운다면, 당나라든 다른 어떤 나라든 감히 고구려를 넘보지 못할 것이옵니다."

"막리지는 들거라! 아직 젊은 패기가 넘쳐서 좀 더 깊이 생각을 못 하는 것 같구나. 지금 천리장성을 쌓는다면 당 태종이 가만 있겠느냐? 고구려가 평화를 먼저 깨고 전쟁 준비를 하고 있다고 생각할 것이 아니더냐? 그렇게 되면 당나라는 고구려를 응징하려 들 게 불을 보듯 뻔하다."

"폐하! 고구려 만대의 안위를 위한 축성이옵니다."

"듣기 싫다. 그만 물러가도록 하라!"

영류왕은 당나라와의 관계를 전쟁으로 몰고 가고 싶지 않았다. 이대로 비록 신하의 예를 갖추라며 거만을 떠는 당나라에 머리를 굽힐지언정, 전쟁은 피하고 싶었다.

연개소문은 아버지 연태조가 시작한 천리장성 건설을 자신이 마무리짓는 것이 옳다고 생각했다. 당나라는 빠른 속도로 서역까지 정벌하며 무섭게 성장했다. 머지않아 당 태종은 대군을 거느리고 고구려를 정벌하기 위해 침략할 것으로 내다봤다. 그 때를 대비해 연개소문은 한시라도 빠르게 천리장성을 완공해야 한다고 생각했다.

'으음, 천리장성……'

중원을 통일한 나라들은 늘 동북아시아에 자리한 고구려의 땅을 넘봤다. 그러나 고구려는 그리 만만한 상대가 아니다.

중원에서는 수없이 많은 나라들이 일어나고 사라졌지만, 만주에서 고구려는 수백 년 역사를 계속 이어 나갔다. 고구려의 힘은 바로 이민족의 침입에 맞서 싸운 전쟁 경험이었다. 언제 어느 때고 전쟁이 일어나면 백성들은 하나가 되어 무기를 들고 성 안으로 들어와 싸웠다. 고구려인에게 성은 삶의 터전이며 생명과도 같은 곳이다.

그래서 연개소문은 조정에 나오자마자 빠르게 축성 완공 계획서를 내놓은 것이다.

그러나 백성들과는 달리 귀족들은 자신들의 안위를 위해 백성들의 고난을 핑계삼아 천리장성 축성에 반발했다. 그러나 시간이 지남에 따라 영류왕은 연개소문의 축성을 지지하는 신하와 백성들의 소리를 귀 기울여 듣지 않을 수가 없었다.

결국 영류왕은 천리장성을 완공하라며 연개소문의 계획에 손을 들어 주었다. 이에 천리장성 완공 계획은 빠르게 진행되기에 이르렀고, 농번기가 아닌 겨울을 이용해 성 쌓기가 곳곳에서 이루어졌다.

천리장성 축성에 대한 이야기는 연태조 시절부터 당나라에 계속 전해졌다. 당나라는 여러 차례 고구려에 사신을 보내 축성을 왜 하는지 물었다.

"아시다시피 우리 고구려는 평화시에 농번기가 아닌 겨울엔

건안성
631년 영류왕 때 세워진 고구려의 성. 요하 하구에 있었던 성으로 둘레가 무려 7km나 된다.

늘 성을 쌓고 보수하는 일을 해 왔습니다."

"고구려는 성의 나라니까. 사는 집을 고치듯이 늘 성을 고치고 새로 짓고 한단 말인가요?"

"그렇지요."

당나라 사신의 보고를 받은 당 태종은 안심하면서도 요동 벌판을 따라 거대한 요새처럼 계획적으로 세워지고 있는 성들이 왠지 꺼림칙했다. 마치 당나라의 침공에 대비해 미리 요새를 건설하는 듯한 느낌이 들었다.

당나라가 처음 세워졌을 때만 해도 반란을 진압해야 했으므로 고구려의 천리장성 쌓기에 대해서 큰 소리를 낼 수가 없었다. 더구나 고구려가 계속 신하의 예를 갖추며 조공을 빼먹지 않고 있는데 이것을 문제삼을 수도 없었다. 그러나 연개소문이 등장하고서 천 리 길을 따라 튼튼한 성들이 우뚝우뚝 세워지며 완공 단계에 이르자 당나라에서 문제를 삼았다. 완성된 요동의 성에서는 병사들이 갑옷을 입고 칼을 들고 성을 지켰다. 이에 불안을 느낀 당나라 황제는 화가 나서 사신을 다시 보냈다.

"요동의 고구려 왕은 들거라! 근래에 들어와 고구려가 불손한 행동을 하고 있다. 내 오래 전에 이 사실을 알고 있었으나 바다와 같은 마음으로 그대로 두고 보았느니라. 고구려가 이런 식으로 나온다면 우리 사이는 예전으로 돌아가지 못할 것이니 각오하라!"

사신으로부터 편지를 받은 영류왕은 벌벌 떨었다. 당장이라도 당나라가 쳐들어올 것 같았다.

결국 영류왕은 태자를 당나라 황제에게 사신으로 보내 마음을 달래 주기로 했다. 이에 연개소문은 강하게 반발했다.

"태자를 당나라에 보내심은 볼모로 보내는 것과 다를 바 없사옵니다. 이것은 대왕마마와 태자마마를 위해서도 옳은 일이 아니옵니다."

"그렇다고 당나라의 비위를 건드려 좋을 것은 없질 않은가! 그러니 짐의 뜻대로 태자를 보내는 절차를 밟도록 하라!"

영류왕의 뜻이 워낙 강해서 연개소문도 더 이상은 반대를 할 수 없었다.

태자가 당나라에 사신으로 간다는 소식이 온 나라에 퍼졌다. 고구려 백성들의 자존심은 더 이상 내세울 수가 없었다.

"아니, 우리 고구려가 당나라보다 못하단 말인가! 수나라 백만 대군을 물리친 저력은 어디에 있단 말인가!"

백성들의 원망의 소리를 듣고도 영류왕은 당나라 황제의 화를 풀어 주기 위해 태자를 당나라에 보냈다. 형식상으로는 당나라로

고·수 전쟁도 고구려군의 작전에 휘말려 수나라 군대는 살수에서 무참히 패배했다.

떠나는 태자에게 장안의 훌륭한 문물을 많이 배워 오라는 말로 격려해 주었다.

고구려의 태자가 오자 당나라 황제는 기분이 몹시 좋았다. 고구려가 천리장성을 쌓고는 있지만, 여전히 당나라를 두려워하고 있다는 생각이 들었기 때문이다.

태자는 가을에 고구려로 돌아왔다. 영류왕은 태자를 당나라에 보내길 잘 했다며 내심 매우 흡족한 표정을 지었다.

"그래 당나라 황제께서는 좋아하시더냐?"

"아바마마께 믿음이 간다고 말씀하셨나이다. 아바마마, 그런데 당나라는 생각보다 너무 크옵니다. 돌궐과 싸워 속국으로 삼았고 서쪽의 고창국은 완전히 멸망했나이다."

"그러게 당나라와 잘 지내야 한다고 하질 않았느냐?"

반란군을 완전히 진압한 당나라는 천하를 지배하기 위해 곳곳에 군대를 보내 여러 나라들을 속국으로 삼았다. 이제 동북쪽에 자리한 오랜 역사를 가진 고구려를 완전히 속국으로 삼으면 수나라가 얻지 못했던 천하를 지배한다는 생각을 갖게 되었다. 그 동안 고구려를 놔두었던 것은 우선 다른 나라들을 정벌하는 데 필요한 힘을 모으기 위해서였다. 당 태종은 수나라가 20년 동안 공격해도 무너지지 않은 고구려의 강한 모습을 잘 알고 있었다.

    당 태종은 고구려의 약점을 캐기 위해서 641년 진대덕을 고구려에 사신으로 보냈다. 그러면서 그에게 중요한 군사 정보를 알아 오라고 시켰다.

    진대덕은 고구려 지방관들에게 후한 뇌물을 주고 곳곳을 돌아다니며 고구려의 지리, 봉수 등의 조사를 벌였다. 수나라 사람들로 고구려에 정착해 살고 있는 자들을 자유롭게 만나 고구려의 내부 사정을 파악했다.

    동부 막리지 연개소문의 눈에는 진대덕이 사신이 아니라 당나라에서 파견된 첩보원으로 보였다.

"폐하! 영양왕께서는 과거 수나라 사신들의 행동을 일일이 감시하여 정보 수집을 못 하도록 하였다 들었사옵니다. 그런데 지금 우리는 당나라 사신들을 감시하기는커녕, 정보 수집을 하도록 도와 주고 있나이다."

"듣기 싫도다. 어찌 당나라 사신에게 그런 무례한 말을 덧붙이는가?"

영류왕은 오히려 평양에 도착한 진대덕 일행을 크게 환영하며 병사들을 동원해 열병식을 성대히 거행했다. 그러자 연개소문은 진대덕이 군사 기밀을 탐지하는 간첩이라며 사로잡아 죄를 물어야 한다고 울분을 토로했다.

연개소문은 영류왕과 온건파들로부터 공격을 받았다. 당나라와 고구려의 평화를 해치는 자라고 손가락질을 받았다.

연개소문은 집에 돌아와서도 분을 삭이지 못했다. 소문을 듣고 하나 둘씩 연개소문의 집에 강경파들이 모여들었다.

"수나라를 멸망시킨 당나라가 이십 년도 안 되어서 천하를 지배할 만큼 커졌는데, 고구려는 뭐가 부족해 이 지경이 되었습니까?"

"당나라가 내분이 일었을 때 트집을 잡아 공격을 했어야 했어. 그랬더라면 당나라가 이렇게 커지지 못했을 게야. 당나라는 지

금까지 고구려보다 약한 나라들을 정벌하느라 고구려와는 겉으로 화친을 한 것뿐이야. 이제 더욱 힘이 커진 당나라는 마지막으로 고구려를 삼키려고 달려들 게다."

당나라에 굽실거리는 영류왕과 신하들을 크게 비판하는 백성들의 불만의 소리가 궁궐에까지 전해졌다. 이에 영류왕과 신하들은 무슨 방법을 찾아야만 했다.

"이러다가는 연개소문의 세상이 될 것 같소이다."

"굴러 온 돌이 박힌 돌을 빼낸다고 하더니 연개소문을 두고 하는 말일세."

"연개소문을 죽이지 않고서는 우리 앞날이 불투명합니다. 연개소문을 아무도 모르게 처치해야 합니다."

"어떤 방법으로 연개소문을 처치합니까? 연개소문은 늘 칼을 차고 다니며 곁에는 무장한 병사들이 따라다니질 않습니까?"

"그렇다면 연개소문을 천리장성 건설 감독관으로 일단 보냅시다. 연개소문이 평양에 없으면 그 주변 인물들은 날개가 꺾일 것이오. 그런 다음 적당한 때에 사람을 시켜 연개소문을 죽이는 겁니다."

영류왕은 연개소문을 죽이려는 귀족들의 계획에 찬성을 했다.

"연 대감은 천리장성을 완성해야 한다고 줄곧 주장하였던바,

오늘 그대를 천리장성 감독관으로 임명하고자 한다. 연 대감은 빠른 시일 내에 요동으로 떠나라!"

"성은이 망극하나이다."

아버지 연태조가 그토록 원했던 천리장성 완공을 비로소 자식이 완성할 수 있다는 생각에 연개소문은 감격에 젖어 있었다. 그러나 연개소문을 따르는 주변 인물들은 갑작스레 연개소문에게 천리장성 완공을 맡긴다는 사실에 의심을 하기 시작했다.

연개소문은 요동으로 가기 전 막리지로서 해야 할 일들을 정리하느라 다소 시간이 걸렸다.

그러던 어느 날 사람들이 연개소문의 집으로 몰려왔다.

"천리장성 축성 감독으로 가시면 절대 안 됩니다."

"그렇습니다. 귀족들이 그 곳에 보낸 다음 연 대감을 죽이려는 것입니다."

연개소문을 죽이려는 음모가 발각된 것이다. 이들은 한사코 이대로 당할 수는 없다며 영류왕과 귀족들을 죽여야 한다고 소리 높였다.

"좀 더 신중하게 생각들을 해 봅시다."

"대감, 생각해 보십시오. 우리 고구려가 수나라의 백만 대군을 무찌르고 여기까지 올 때에는, 강한 고구려가 있었기 때문입니다. 그런데 어쩌자고 귀족들은 지금 그깟 수나라를 멸망시키고 일어난 당나라에 굽실거리며 그들의 요구를 들어주는 것입니까. 고구려의 자존심을 짓밟아 버리는 저들을 그냥 두어서는 안 됩니다."

"그렇습니다. 더구나 연 장군께서 고구려의 자존심을 내세우며 당나라와 대적하려 하자 장군을 못마땅하게 여겨 죽이려는 자들입니다."

을밀대
사허정이라고도 불린다. 6세기 중엽 고구려 때 평양성의 내성 장대로 건립되었고 북한에 있다.

"장군! 우리가 저들의 손에 죽기 전에 저들을 먼저 죽여야 합니다. 그래야 고구려의 자존심을 되찾을 수 있습니다."

연개소문 집에 모인 장수들은 하나같이 당나라에 강하게 맞서야 한다면서, 전쟁을 피하고자 당나라의 무리한 요구를 계속 들어주는 영류왕과 귀족들을 비판하고 나섰다.

이 때 장수 한 명이 황급히 연개소문의 집으로 들어왔다.

"대감! 영류왕이 연관되어 있다고 합니다."

"영류왕까지?"

"그렇습니다."

연개소문은 기가 막혔다. 자신이 어릴 적 그토록 존경해 마지 않았던 영류왕이 점점 당나라의 신하가 되어 가는 것도 모자라 이제는 자신마저 죽이려 한다는 생각에 허탈감마저 들었다.

'고구려를 어쩌자는 겐가!'

연개소문은 잠시 눈을 감고 생각에 잠겼다.

"연 대감을 처치하려던 자들을 한 사람도 남김없이 모두 한꺼번에 죽여야 합니다."

"하오면 영류왕까지 처치하라는 말인가요?"

"대감! 고구려의 앞날을 생각하신다면, 자신들의 안위(안정과 지위)를 위해 나약한 몸짓으로 당나라에 굽실거리는 자들은 왕이든 귀족이든 모두 없애야 합니다."

장수들의 이야기를 들으며 연개소문은 잠시 두 눈을 감고 옅은 신음 소리를 흘렸다. 고구려의 임금은 천손(하늘의 자손)이었다. 일개 신하가 역모를 꾀하는 일은 없었다. 적어도 모든 백성들에게 지탄을 받는 임금이 아니면 왕의 목숨을 빼앗는 일은 극히 드물었다.

"영류왕은 안 됩니다. 대왕마마의 판단을 흐리게 하며 정치를 하고 있는 귀족들만 처단하도록 하지요."

연개소문은 영류왕은 살려 두고 싶었다. 아무리 못났더라도 천손이 아니던가!

수나라 침공 당시 영류왕은 왕자였다. 그는 직접 압록강 하구의 비사성에서 수나라 병사들을 맞아 싸울 정도로 덕망 있고 용감무쌍한 사람이었다. 그런데 임금이 되자 당나라와의 전쟁보다는 현재 안정적인 생활을 누리기를 원하는 귀족들에게 둘러싸여 판단이 흐려진 것이다.

귀족들에게는 많은 노비와 넓은 농토가 있었다. 수나라와의 전쟁이 끝났으므로 이제는 농사를 지어 자신들의 부를 축적해야만 했다.

"대감! 썩은 종기는 모두 도려 내는 것이 좋습니다. 이왕 칼을 뽑아 거사를 준비한다면 신분에 관계없이 천손일지라도 모두

한 마리의 용
고구려 고분 벽화로 중국의 지안현, 오회분 4호묘의 천장에 그려져 있다.

없애야 합니다."

당나라에 굽실거리는 일파들을 제거하지 못한다면 고구려는 영원히 당나라에 대해 신하의 예를 갖추며 해마다 조공을 바칠 수밖에 없다는 판단을 했다.

"그렇다면 다음 왕으로 누구를 세운단 말인가요?"

"대감! 대왕의 조카 보장 왕자로 대를 잇도록 하십시오."

"보장 왕자라. 으음……."

연개소문은 보장 왕자를 떠올리며 매우 흡족한 표정을 지었다. 영류왕과 배다른 동생의 아들인 보장 왕자는 정실부인에게서 난 왕자들보다 대우를 받지 못했다. 정실부인이란 왕의 첫째 부인을 말한다.

보장 왕자의 아버지 태양은 영류왕으로 인해 정치에 전혀 참여하지 못했다.

연개소문은 영류왕 다음으로 보장 왕자를 국왕으로 삼기로 결정을 내리고 거사를 빈틈없이 준비했다. 천리장성 감독관으로 연개소문이 떠나기 전날, 동부에 속한 한 성에서 환송식을 열기로 했다. 이 자리에 귀족들을 불러들인 다음 모두 처단한다는 계획이었다.

"여기, 이 명단에 있는 사람들에게 모두 초청장을 보내도록 하시오!"

연개소문은 일단 자신들의 거사를 숨기고 귀족들에게 초청장을 보냈다.

초청장을 받은 영류왕과 귀족들도 모른 척하고 연개소문의 초청에 응하기로 했다.

"하하하! 대감도 초청장을 받았구려!"

"사람 일은 한치 앞도 모른다더니, 바로 연개소문을 두고 하는 말이 아닙니까?"

"그러게 말이오. 가자마자 싸늘한 시신으로 돌아올 놈이 환송

압록강 중국과 북한을 사이에 두고 흐르는 압록강. 압록강변에 국내성이 있다.

식은 해서 뭘 합니까?"

"에이! 그래도 명색이 막리지인데, 어찌 우리가 그 행사에 안 갈 수 있습니까? 죽어서 곡은 못 하더라도 살아 있을 때 마지막 모습이나 한 번 보러 갑시다. 하하!"

귀족들은 연개소문으로부터 의심을 사지 않도록 하기 위해 모두 참석하기로 약속을 했다.

피를 부른 환송식

이윽고 초청장을 받은 귀족들이 연개소문을 환송하기 위해 식장으로 하나 둘씩 모여들었다.

귀족들 수백 명이 평양성 부근 동부의 한 병영에 모였다.

영류왕은 귀족들이 모두 참석한 것을 알고 뒤늦게 금빛 찬란한 마차를 타고 나타났다.

철갑 호위병들이 영류왕을 용상이 있는 막사로 호위하며 안내를 했다. 연개소문이 다가가 꾸벅 인사를 올렸다.

"폐하! 소신이 요동으로 떠나기 앞서 준비한 잔치에 참석해 주신 은혜 망극하나이다."

"허허! 연 대감을 떠나보내는 환송연에 내 어찌 안 올 수가 있겠는가! 아무 걱정 말고 천리장성 감독관으로 갔다가 하루속히 돌아오도록 하라!"

연병장에는 여러 개의 막사가 세워져 있었고, 그 한가운데 커다란 막사에는 임금을 나타내는 용이 그려진 깃발이 휘날렸다.

영류왕은 호위병들의 안내를 받으며 천천히 왕의 막사로 들어갔다. 영류왕이 도착하자 여러 신하들이 다가와 허리를 굽혀 인사를 했다. 영류왕은 말없이 고개만 끄덕여 주었다.

영류왕이 도착함과 동시에 행사가 시작되었다.

병사들은 전투 대형으로 늘어선 후, 철갑 기병이 맨 앞에 서서 전진을 시작했다. 말발굽 소리가 땅을 울리고 먼지가 이는 것이

참으로 장관이었다. 그 뒤를 따라 병사들이 열을 지어 한치의 오차도 없이 팔과 다리를 흔들며 멋진 제식 행렬을 이루며 막사 앞을 지나갔다.

창과 칼을 든 병사들의 우렁찬 기합 소리와 함께 멋진 사열식이 계속되었다. 한눈에 보아도 잘 훈련된 병사들의 모습이었다.

영류왕은 용상에 앉아 연개소문이 거느리고 있는 병사들의 사열식을 구경했다. 병사들의 사기가 하늘을 찌르고 있었다. 어느 누구와 싸워도 질 것 같지 않은 대단한 기세였다. 연개소문 환송

강서 대묘
평안남도 강서군 강서면 삼묘리에 있다. 7세기경 고구려의 고분으로 고구려의 벽화 무덤을 대표하는 유적이다. 사신도 및 인동, 당초 무늬를 그려 장식하고 무덤 입구 좌우의 벽에는 주작, 동벽에는 청룡, 서벽에는 백호, 북벽에 현무 그리고 중앙의 덮개돌에는 황룡이 그려져 있다.

식장에서 사열을 받는 병사들은 연태조 때부터 길러 온 집안의 사병들과 동부에 소속된 병사들이었다.

'음! 참으로 훌륭한 병사들을 키우고 있었군. 안타깝도다! 연개소문의 목숨이 여기서 끝장이라니……'

영류왕은 병사들의 멋진 사열식을 보면서 잠시 생각에 잠겼다. 지금이라도 연개소문이 당나라와의 전쟁을 포기한다면 살려 두고 싶었다. 고구려에 연개소문은 반드시 필요한 인물이었다.

동부 병영 병사들을 사열한 영류왕과 귀족들은 매우 만족한 표정을 지으며 흥겨워했다.

화려한 막사에서 임금과 귀족들과 함께 병사들의 행진을 지켜보던 연개소문이 술상을 가져오라고 일렀다. 임금과 귀족들은 막사에서 술을 마시기 시작했다. 막사 앞에서는 무희들이 춤을 추기 시작했다. 취기가 어느 정도 오를 즈음, 완전 무장한 병사들이 다시 연병장에 모였다. 취한 영류왕과 귀족들은 또 다른 행사가 진행되는 줄 알고 있었다.

"이보게 연 대감, 참으로 준비도 많이 했구려."

"극찬이십니다, 대감!"

연개소문은 휘하 부하에게 다음 순서를 하라며 지시를 내렸다.

병사들의 칼이 허공에 바람을 일으키며 춤을 추었다. 그 때마다 휙휙 바람소리가 들렸다. 창과 칼이 부딪히며 금속의 야릇한 소리가 귓전을 때렸다. 병사들의 기합 소리는 땅을 진동시키고 병영이 무너질 듯 흔들렸다.

병사들의 함성이 병영을 떠나갈 듯 진동했다. 갑자기 양쪽으로 병사들이 갈라서자 한가운데로 길이 났다. 양쪽에 늘어선 병사들은 창을 들어 하늘로 찌르고 함성을 지르며 발로 땅을 박찼다. 단번에 먼지가 뽀얗게 일더니 마치 전쟁터를 방불케 했다. 이 때 철갑으로 완전 무장한 날쌘 병사 수십 명이 칼을 휘두르며 병사들이 만든 길 한복판으로 달려 나왔다. 그리고 병사들 앞에 서서 전열을 가다듬고 다시 임금이 앉아 있는 막사를 향해 돌아섰다.

"당나라에 굴복해 노예로 살아가는 귀족들과 영류왕을 고구려의 이름으로 처단하노라!"

"와! 와!"

"병사들이여, 고구려를 위하여 이 한 몸 바치자!"

장수의 말 한 마디에 잘 훈련된 병사들은 연병장에 세워진 막사로 개미떼처럼 달려 들어갔다. 영류왕 막사 앞에는 왕궁 호위병들이 있었으나, 순식간에 무방비 상태에서 일어난 일이어서 칼 한 번 뽑지 못하고 그대로 병사들의 칼날에 쓰러졌다.

"이 이게 무슨 변고인가? 연 대감, 이게 어찌 된 노릇인가?"

"폐하! 어쩌자고 고구려를 이 지경으로 만드셨습니까? 왜 소신과 동료들을 해하려 하셨사옵니까?"

"연 연 대감, 그 그건 ……."

"폐하! 이제 고구려는 당나라에 맞서 싸우고자 하는 강인한 백성들의 것이옵니다."

"연 연 대감! 지금 반란을 하겠다는 게냐! 고구려는 천손의 나라임을 잊었단 말이냐? 여봐라!"

영류왕은 호위병을 불렀다. 그러나 반란을 일으킨 장수들이 들어왔다.

"부르셨습니까, 폐하!"

영류왕은 모든 것을 포기한 듯 순순히 부장들에게 이끌려 막사를 나왔다. 그리고 영류왕은 연병장 한복판에서 목이 잘렸다.

"고구려 만세! 연 대감 만세!"

순간 병영은 연개소문을 따르는 병사들의 함성으로 가득했다. 수나라와 싸우다 죽은 병사들의 원한이 일시에 사라지는 듯했다. 신하처럼 부리는 오만한 당나라의 심장에 칼을 겨누기 시작했다.

연개소문을 죽이려던 귀족들의 계획은 탄로나 반대로 귀족 180여 명이 목숨을 잃었다.

중국의 기록에 의하면 영류왕의 목과 팔다리는 잘려 시궁창에 처박혔다고 쓰여 있다. 그러나 연개소문에게 크게 당한 당나라 사람들이 훗날 연개소문이 포악하다고 헐뜯으려는 모함에 의해 기록한 것으로 보인다.

　연개소문은 보장왕을 고구려의 새로운 임금으로 세웠다. 그리고 정권을 잡고는 당나라에 당당하게 대했다.
　당나라의 태종은 연개소문이 영류왕을 죽이고 새로운 보장왕을 세워 정권을 잡았다는 소식을 듣게 되었다.
　"고구려의 영류왕이 억울하게 죽었다. 이제 영류왕의 죽음을 갚기 위해 고구려를 칠 것이다."
　당 태종이 이를 바득바득 갈고 있다는 것을 연개소문은 잘 알고 있었다.
　"폐하! 소낙비는 피해 가는 게 가장 좋습니다. 사신을 당나라에 보내 고구려가 화친을 원한다는 것을 보여 줄 필요가 있사옵니다."

연개소문은 당나라와 싸우려면 좀 더 준비가 필요하다고 여겼다. 그래서 사신을 보냈으며 당나라로부터 도교를 받아들이겠다고 했다. 그러자 당나라는 화친을 한다는 뜻으로 도교의 지도자들을 고구려에 보냈다. 하지만 당 태종의 속마음은 고구려를 멸망시키는 것이었다.

'고구려와 이웃한 말갈과 거란을 동원해 연개소문과 그 일당들을 무찌를 것이다.'

당 태종은 은밀히 사신을 거란과 말갈족에게 보내 고구려와의 전쟁이 일어나면 반드시 군대를 동원하라고 시켰다.

"당나라에 매우 잘 했던 영류왕을 죽이고 반란을 일으켜 보장왕을 세웠다. 겉으로는 당나라에 사신을 보내고 도교를 받아들이고 있으나, 그것으로 고구려가 예전 영류왕 때처럼 우호적이라고는 볼 수가 없다. 때를 기다려 고구려를 공격할 것이다. 고구려를 멸망시키지 않고서는 천하를 얻었다 할 수가 없다."

당 태종은 천하를 지배하고 싶은 욕망이 컸다. 형제들을 죽이고 임금이 된 자신의 과오를 씻어 내고, 천하를 지배하기 위해서는 어쩔 수 없었다는 점을 내세워야 했다.

"폐하! 고구려는 생각보다 강한 나라이옵니다. 조금만 참고 때를 기다리심이 옳은 줄 아뢰옵니다."

당 태종은 고구려 정벌을 뒤로 미루고 형식적으로 고구려와 화친 정책을 이어 나갔다.

한강 유역을 차지하라!

당시 고구려와 백제, 신라는 한강 유역을 두고 치열한 전쟁을 벌였다. 일찍이 고구려의 남진 정책을 막기 위해 신라와 백제는 '나제동맹'을 맺어 100년 동안이나 왕족끼리 혼인을 하며 사이좋게 지냈다. 그리고 고구려가 돌궐과 수나라의 침입을 막느라 힘들어 할 때, 신라와 백제는 고구려군을 한강 유역에서 밀어냈다.

고구려는 수나라의 거듭된 공격을 막아 내야 했고 또 엎친 데 덮친 격으로 돌궐까지 국경으로 쳐들어와 남쪽에 신경을 쓸 수가 없었다. 이에 고구려는 신라의 진흥왕에게 백제와 함께 고구려 남쪽을 공격하지 말 것을 요청했다. 그렇게 하면 죽령 이북(소백산맥 북쪽)의 땅을 차지해도 좋다는 조건을 내세웠다.

신라의 진흥왕은 비로소 때가 왔음을 알았다. 신라의 땅보다 더 넓은 영토에 욕심이 났다.

더구나 한강 유역을 차지하면 당나라와 뱃길로 교역을 할 수 있었다. 그래서 신라의 진흥왕은 '나제동맹'을 깨고 더 이상 고구려를 공격하지 않았다. 더구나 백제가 차지하고 있던 한강 유역에 욕심이 나서 대군을 동원해 공격해서 여러 성을 차지했다.
　"신라가 동맹을 깨고서 백제를 공격하다니, 이런 신의도 모르는 놈들이구나. 짐이 직접 적들을 처단할 것이다."
　화가 난 성왕은 신라의 진흥왕을 배신자로 여기고 직접 군사를 이끌어 관산성으로 향했다.

한강 유역
당시 삼국은 한강 유역을 두고 치열한 전투를 벌이곤 했었다. 한강은 황해로 이어지는 중요한 전략적 요충지였기 때문이다.

관산성은 오늘날 옥천 지역이다. 그러나 성왕은 관산성 전투에서 그만 전사하고 말았다. 이로 인해 한강 유역은 완전히 신라가 차지하게 되었다.

고구려는 신라에 빼앗긴 한강 유역을 되찾기 위해 영양왕 때 온달 장군에게 군사를 주어 신라군을 공격했다. 그러나 신라의 반격으로 큰 성과를 얻지 못했다. 그 후로 한강의 지배자는 실질적으로 신라였다. 진흥왕은 신라가 차지한 영토에 순수비를 세웠다.

백제는 성왕 전사 이후 자신들의 첫 도읍지인 한강을 다시 찾기 위해 수십 년 동안 끈질기게 신라를 공격했다. 백제의 의자왕은 신라의 수도 경주에서 얼마 떨어지지 않은 대야성(합천)을 공격해 점령하는 성과를 얻었다. 백제는 신라가 100년의 약속을 깨뜨리고 성왕마저 죽였다는 생각으로 복수의 칼날을 갈았다.

선덕 여왕(?~647) 진평왕의 장녀로 제27대 왕에 올랐다. 고구려와 백제의 끈질긴 공격을 받았다.

신라는 계속 당항성에서 배를 타고 황해를 건너 당나라와 교류를 했다. 그러자 백제가 당항성을 공격했다.

"여왕 폐하! 백제군이 당항성을 공격해 점령했다 하옵니다."

온달 산성

충북 단양군 영춘면 하리에 위치한 온달 산성은 삼국 시대에 촘촘하게 쌓아 올린 석축 산성으로 남한강변의 해발 427m의 성산에 축성되어 있다.

고구려의 장수 온달이 한강 유역을 되찾기 위해 출전했다가 신라군에 목숨을 잃은 곳이다. 그 이후 고구려는 사실상 한강을 잃어버렸다.

진흥왕 영역 확장도 (진흥왕 순수비)

진흥왕 순수비(창녕비)

국보 제33호인 창녕비는 가야 땅을 둘러보고 세운 비석으로 해서체로 643자가 새겨져 있다.

진흥왕 순수비는 신라의 진흥왕(24대 왕)이 새로 넓힌 영토를 둘러보고 순행을 기념하여 세운 순수 척경비 가운데 하나로 창녕비, 북한산비, 황초령비, 마운령비, 단양 적성비 등이 있다.

- 마운령비 — 함경남도 이원에 세운 비석
- 황초령비
- 우산국 병합 (지증왕 때)
- 북한산비 — 국보 제3호. 한강 유역을 차지하고 북한산 정상에 세웠다. 해서체로 380여 자를 새겼다.
- 단양 적성비
- 금성(경주)
- 창녕비
- 금관가야 병합(532)
- 대가야 병합(562)

"뭐요? 그렇게 되면 당나라와의 교류를 어떻게 한단 말이오."

"한강 영토 문제로 북쪽으로는 고구려와 사이가 좋지 않고, 서쪽에서는 백제의 공격을 받으니, 완전히 고립되었사옵니다."

당항성은 오늘날 경기도 화성의 서신면 바닷가에 있는 산성이다. 신라가 한강 유역을 차지하고 이 곳 바닷가 산에 성을 짓고 당나라와 교류하는 역할을 했다.

신라는 수도 금성마저 위협을 느끼자 우선 백제의 강력한 공격을 막기 위해 고구려에 도움을 청하기로 했다.

"그 동안 고구려와는 한강 영토 문제로 서로 사신도 보내지 않고 있는데 신라에 도움을 주려고 하겠어요?"

선덕 여왕은 낙심한 표정으로 여러 대신들을 둘러보았다. 이 때 김춘추가 나서서 선덕 여왕에게 아뢰었다.

"여왕 폐하! 나라의 운명이 바람 앞에 등잔불이니 물불을 가릴 때가 아니옵니다. 대야성 전투에서 제 사위 품석과 딸이 죽었사옵니다. 두 사람의 시신마저 끌려가 백제 군사들의 감옥 밑바닥에 잠들어 있다 하옵니다. 지금 고구려는 연개소문이라는 자가 정권을 잡았다 하니 어쩌면 고구려도 동맹국을 원하고 있을지 모르옵니다. 소신이 고구려에 가서 도움을 청하겠나이다."

"자칫하면 목숨마저 위태롭게 될지도 모르오."

당항성

경기도 화성군 서신면에 있는 삼국 시대의 석축 산성이다. 원래 백제의 영역에 속한 곳이었는데 한때 고구려가 점령하여 당항군이라는 지명을 붙였다.
신라의 영역이었던 때(경덕왕)는 황해를 통해 중국과 교통했던 출입구의 역할을 했다. 백제의 끈질긴 공격으로 신라는 당항성을 빼앗겼다. 그로 인해 신라는 중국과의 교류가 활발하지 못했다.

"여왕 폐하! 연개소문이란 자가 성질이 사납다고 소문이 났으나, 고구려 백성들이 그를 존경하고 따르는 것을 보면 그렇게 사리 분별이 없는 탐욕스러운 사람은 아닌 것으로 여겨집니다. 오히려 사나이다운 기질이 있어 신라의 도움을 거절하지 않을지도 모르옵니다."

당나라로 가는 길목마저 막혀 버린 신라로서는 고구려와 화해를 원했다. 나라가 위기에 처하자 다시 고구려에 도움을 청해 보려고 진골 출신 왕족인 김춘추가 나섰다.

김춘추는 비단과 금은보화를 잔뜩 갖고서 고구려로 향했다.

연개소문을 잘 설득하면 과거의 원한 같은 것은 어쩌면 생각보다 쉽게 풀어질 것 같다는 희망을 가져 보았다.

신라에서 왕족 김춘추가 사신으로 왔다는 소식을 들은 연개소문은 다소 놀랐다. 사신으로 온 김춘추라는 자가 매우 지혜롭고 신라에서도 백성들로부터 존경을 받는 인물이라는 사실을 잘 알고 있었다.

"무슨 일로 먼 길을 오셨소이까?"

"그 동안 고구려와 불편한 관계를 가져온 것에 대해 우선 사과

드립니다. 대감! 저희 신라가 지금 백제의 공격을 받아 곤경에 처했습니다. 작년에는 제 사위 품석과 딸이 대야성 전투에서 목숨을 잃었습니다."

"쯔쯔! 안됐지만, 고구려는 신라를 도와 줄 수가 없다는 사실을 잘 알 텐데요?"

"대막리지께서 지금 무슨 말씀을 하시는지 잘 알고 있습니다. 하지만 지금 신라가 너무 위태로운 지경에 이르러서……."

"잘 들으시오, 대감! 우리 고구려는 그 동안 신라를 위기 때마다 구해 주었소. 광개토 대왕께서도 오만 군사를 보내 신라에 침입한 왜구를 쫓아내 신라를 구원했고……. 그런데 의리 없게도 훗날 고구려가 수나라와 싸우느라 정신이 없을 때, 고구려 땅 오백 리를 차지했소."

"우선 신라에 도움을 주시면 영토 문제는 차근차근 해결하도록 하지요."

"먼저 도움을 달라고요? 그건 안 됩니다. 오백 리 땅을 당장 돌려주시오. 그러면 고구려가 군사를 동원해 백제의 공격을 막도록 하겠소."

김춘추는 당황스러웠다. 연개소문은 신라가 차지하고 있는 한강 유역의 영토에 집착이 강하다는 사실을 알 수 있었다.

"대감! 오래 전 양국 간에 그런 좋지 않은 일들이 있었다는 사실에 대해 왕족의 한 사람으로 깊이 사죄드립니다. 그러나 나라의 영토 문제는 제가 결정할 일이 못 되옵니다."

"백제의 공격으로 나라가 망할 처지에 이르렀는데, 그깟 오백 리 땅에 욕심을 부리다니, 더 이상 할 말이 없군요. 그런 자격도 없이 어찌 고구려에 도움을 청하러 왔단 말이오?"

연개소문은 자리를 박차고 나갔다. 김춘추는 순간 자신이 실수했다는 생각이 들었다. 곧이어 고구려 병사들이 방 안으로 들어왔다.

"대감 나으리! 이제부터 저희와 함께 가셔야겠습니다."

"아니, 어디로 가는 겐가! 대막리지 연개소문을 다시 만나 뵙기를 원하네. 난 신라에서 온 사신일세!"

"나으리, 조용히 하세요. 대막리지의 명령이니 그대로 따르시면 됩니다. 시끄럽게 해서 좋을 게 하나도 없습니다."

토끼의 간

김춘추는 병사들을 따라 외딴 집에 갇혔다. 밖이 보이지 않을 정도로 높은 담이 에워싸고 대문은 언제나 굳게 닫혀 있었다. 또한 중무장한 병사들이 대문을 지키고 있을 뿐 아니라, 김춘추의 행동 하나하나를 지켜보고 따라다녔다.

'내가 상대를 잘못 짚었구나! 연개소문이 그렇게 호락호락한 인물이 아니야. 이대로 있다가는 구원병은커녕 신라로 돌아가지도 못하고 고구려에서 죽게 될 것이야.'

김춘추는 여러 차례 연개소문과 보장왕을 만나게 해 달라며 애원했다. 그러나 소식은 여전히 한강 유역의 5백 리 영토를 돌려준다는 약속을 하라는 말뿐이었다.

김춘추가 고구려에 온 지도 두 달 가까이 되었다. 김춘추는 자신을 지키는 병사들하고도 어느 정도 친한 사이가 되었다. 조용히 책이나 보고 병사들의 지시에 잘 따르는 김춘추에게 고구려 병사들도 호감을 보였다.

"이보게! 대막리지 연개소문말고 그 다음으로 힘 있는 자가 누구인가?"

"선도해 대감이십니다."

"자! 이건 비단일세. 날 편안하게 대해 주어서 고마워서 주는 선물일세. 그리고 이왕이면 선 대감을 좀 만나게 해 줄 수 있겠는가?"

김춘추의 말에 고구려 장수가 곤란하다는 표정을 지으며 침묵으로 대답을 대신했다. 김춘추는 더 이상 부탁을 하지 않았다. 그러나 눈빛만큼은 애절하다는 것을 장수도 곧 알아차렸다.

그러던 어느 날, 선도해 대감이 김춘추를 찾아왔다.

"뵙기를 청하셨다고요?"

"와 주셔서 정말 감사드립니다. 대감, 절 도와 주세요. 제가 이곳에 남아 있는 것이 고구려에 무슨 도움이 되겠습니까? 어차피 영토 문제를 일개 사신이 결정할 수도 없지를 않습니까?"

김춘추의 사정을 듣고 있던 선 대감이 한바탕 크게 웃었다.

"나으리, 참으로 순진하십니다. 고구려에 뼈를 묻으실 생각이십니까? 아니라면 하루속히 신라로 돌아갈 방법을 찾으셔야 하질 않겠습니까?"

"방법을 알려 주신다면 절대로 은혜를 잊지 않겠습니다."

"고구려에는 오래 전부터 토끼의 간에 대한 이야기가 전해 옵니다. 제가 그 이야기를 들려드리지요."

선도해는 '토끼의 간' 이야기를 주절주절 재미있게 늘어놓았다. 김춘추는 처음에 이게 무슨 이야기를 하는지 몰라 어리둥절했다.

동해바다 깊은 물 속에 용궁이 있었는데, 용왕이 매우 사랑하는 딸 공주가 그만 병이 들어 시름시름 앓기 시작했다는 말로 이야기를 풀기 시작했다.

"큰일이구나! 용궁 의사들이 아무리 몰려와도 공주의 병은 나을 생각을 하지 않으니 이를 어쩐단 말이냐."

"전하! 아뢰옵기 황송하오나, 공주의 병에는 토끼의 간이 약이라고 합니다."

"토끼라니? 육지 숲 속에서 깡충깡충 뛰어다니는 토끼를 말하는 거냐?"

"네, 그렇습니다. 토끼의 간을 공주에게 먹이면 병이 나을 것입니다."

결국 바다에서 육지로 기어오를 수 있는 거북이 나서서 토끼의 간을 가져오기로 했다. 거북은 바다에서 나와 육지로 올라갔다. 마침 숲에서 토끼를 만나게 되었다.

"저 바다 한가운데에 아름다운 섬이 있어요. 그 섬에는 무서운 짐승도 없고, 맛있는 약초와 맑고 깨끗한 샘이 퐁퐁 솟아나는 천국이에요."

"정말 그런 섬이 있다고요? 그런데 어떻게 넓은 바다를 건너갈 수 있겠어요?"

"걱정 마세요. 제 넓은 등에 올라타면 제가 데려다 드리지요."

이렇게 해서 거북은 토끼를 등에 태우고 용궁으로 가기 위해 바다를 헤엄치기 시작했다.

아무리 생각해도 거북은 토끼가 미련스러워서 웃음이 나와 참을 수가 없었다.

"야, 이 미련한 토끼야, 넌 이제 죽은 목숨이야. 용궁의 공주님께서 병이 들어 너의 간을 먹어야 산대. 그래서 널 데려가는 거야. 우헤헤!"

토끼는 곧 죽는다는 말에 깜짝 놀랐다. 하지만 바다 한가운데에서 도망갈 수도 없었다. 그러나 토끼는 한 가지 꾀를 냈다.

"쯔쯔! 미련한 거북아! 우리 토끼들은 간을 떼었다 붙였다 할 수 있다는 걸 모르는구나. 며칠 전에 간을 떼어 물에 씻어서 말리느라 바위에 널어놓았는데, 어쩐담. 공주의 병을 고치려면 간이 있어야 한다면서?"

"무 무엇이라고? 지금 네 몸 속에 간이 없다고?"

"그래, 그깟 간 하나쯤이야 거저 줄 수도 있지. 그런데 육지에 있다니깐 그러네."

"좋아! 토끼야, 다시 육지로 돌아가면 간을 나에게 주겠니?"

"걱정하지 마. 간을 쉽게 찾을 수 있을 거야. 빨리 육지에 가기나 해."

이렇게 해서 토끼는 무사히 육지에 올 수가 있었다.

"야! 이 바보 멍청이 거북아, 간을 어떻게 떼었다 붙였다 할 수가 있니? 넌 나한테 속은 거야. 우헤헤!"
토끼가 숲으로 사라지지 거북은 눈물을 펑펑 흘렸다.

선도해 대감은 김춘추가 살 수 있는 방법은 '토끼의 간' 뿐이라는 말을 하고 나갔다. 김춘추는 토끼의 간 이야기를 듣고 연개소문을 만나 담판을 짓기로 결심했다.

김춘추는 연개소문을 만나 자신이 신라로 돌아가면 반드시 옛날에 차지한 땅을 돌려주겠다며 사정했다.

"처음부터 그렇게 나오셨으면 이렇게 고생을 하지 않으셨을 텐데, 왜 고집을 부리셨소?"

"소신이 왕족이기는 하나 영토 문제는 결정할 수 있는 것이 아니라 생각했습니다. 그러나 오백 리 영토에 욕심을 부리다가 오히려 백제에 나라가 망할까 두렵습니다. 이제 소신이 신라로 돌아가면 고구려의 뜻을 충분히 여왕 폐하께 아뢰어, 반드시 신라가 차지한 영토를 고구려에 돌려주겠나이다."

"죽령 이북(소백산맥 북쪽)의 땅을 돌려주면 고구려와 신라는 이제부터 동맹국이 될 것이오. 신라에 돌아가면 반드시 이 약속을 지킬 수 있도록 하시오. 이것이 신라를 생각하는 고구려의 분위기라는 것을 명심하시오."

김춘추는 선도해 대감이 들려준 토끼의 간 지혜를 떠올려 거짓말로 위기를 넘겼다. 때마침 신라의 김유신 장군이 3만의 병사를 이끌고 고구려로 향하고 있다는 소식이 들렸다. 고구려로서도 지금 당장 신라의 대군을 맞아 싸우고 싶지는 않았다.

김춘추가 신라 국경에 다다르자 신라군이 마중을 나와 있었다.

신라군을 보자 김춘추는 살았다는 생각이 들었다. 그래서 김춘추는 전송 나온 고구려 사람들에게 이렇게 말했다.

"그 동안 편안하게 잘 있다가 갑니다. 미안하지만 죽령 이북의 땅을 돌려준다는 것은 내가 결정할 수 있는 일이 아니오. 나 또한 그럴 생각도 없소이다. 바보가 아닌 다음에야 어찌 두 눈 뜨고서 오백 리나 되는 땅을 내어 준단 말이오?"

"무 무엇이라고? 감히 우리 고구려를 속이다니. 여봐라! 저자를 당장 체포하라!"

그러나 김춘추가 얼른 신라 국경을 넘자 이 때 신라군이 재빨리 달려와 에워쌌다.

"한 발자국이라도 국경을 넘어오는 자는 목이 달아날 것이다."

김유신 장군이 큰 칼을 휘두르며 소리쳤다. 김유신 장군의 소리는 우레와 같았다.

김유신 장군이 휘두른 칼의 위력은 무서웠다.

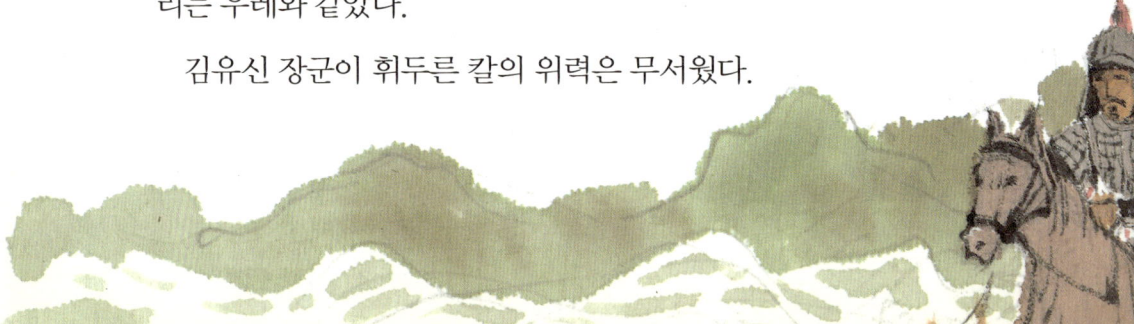

고구려 병사들은 주눅이 들었다.

"장군! 약속대로 나와 주었구려."

"그 동안 걱정 많이 했습니다. 떠나실 때 약속한 대로 육십 일이 지났는데도 돌아오시지 않아, 무슨 변고가 있는 것 같아, 직접 국경으로 달려왔습니다."

김춘추는 고구려에 사신으로 갈 때, 일이 잘못되어 60일 안에

김유신 장군 동상
김유신(595~673)은 신라의 삼국 통일에 큰 역할을 한 신라의 명장이다. 가야국 김수로왕의 후예인 그는 14세에 화랑이 되어 무예와 학문을 닦았고 60여 년을 전쟁터에서 보냈다.

신라에 돌아오지 못하면 군사를 동원해 구해 달라는 부탁을 했었다. 그 약속을 지키느라 김유신이 고구려와의 국경까지 달려온 것이다.

김춘추와 김유신은 어릴 때 함께 화랑으로 활동했다. 그리고 김유신은 둘째 여동생을 김춘추에게 시집을 보낸 사이였다. 훗날 김춘추는 진덕 여왕이 죽자 임금이 되었으며, 김유신은 대장군으로 삼국 통일을 완수하는 업적을 이루게 된다.

당 태종에게 보낸 진덕 여왕의 선물

김춘추가 거짓으로 위기를 넘겨 신라로 달아났다는 사실을 알게 된 연개소문은 크게 화를 냈다.

"신의를 저버린 신라를 당장 공격하라!"

고구려군은 즉각 대군을 동원해 신라의 국경 부근의 성 두 개를 점령했다. 신라는 백제와 고구려 두 나라로부터 공격을 받기에 이르렀다.

이즈음 백제의 사신이 고구려에 왔다. 원래 백제와 고구려는 오래 전부터 사이가 좋지 않은 사이였다. 장수왕에 의해 백제의 개로왕이 목숨을 잃고 첫 도읍지 위례성을 떠나 공주로 도읍을 옮긴 가슴 아픈 상처가 있기 때문이다. 그러나 세월이 흘러 이제

두 나라는 화해를 하고 서로 동맹을 맺어 신라를 공격하기로 했다. 이것을 '여제동맹'이라고 한다.

백제는 신라의 영토를 공격해 40여 개 성을 빼앗았다. 고구려로서는 신라를 신경 쓰지 않아도 백제가 알아서 지켜 주기 때문에 군사를 돌려 당나라의 침입에 대비해 요동에 배치했다. 이들은 요동을 에워싼 천리장성 완공에 큰 역할을 했다.

드디어 요동 벌판 곳곳에는 거대한 성이 세워졌다. 1,000리를 따라가며 튼튼하고 거대한 성이 들어선 것이다.

"폐하! 드디어 천리장성이 완공되었사옵니다."

천리장성 완공 보고에 보장왕은 매우 기뻐했다.

"이제 당나라가 언제 어느 때 공격을 하더라도 아무 걱정이 없겠군요."

"그렇사옵니다. 이제부터 당나라와 전쟁을 시작해야 합니다."

고구려로서는 서북쪽 요동을 지키는 천리장성이 완성되었고, 남쪽에서는 백제가 국경을 지켜 주고 있으니 큰 걱정이 없었다. 백성들 또한 당나라에 대한 그 어떤 두려움도 없이 자신감이 넘쳤다.

고구려가 천리장성을 완성했다는 소식을 듣고 당 태종은 길길이 날뛰었다.

"당장 고구려를 칠 것이다. 괘씸한 연개소문 같으니라고."

"폐하! 조금만 기다리십시오. 고구려는 그렇게 만만하게 볼 상대가 아니옵니다. 수나라가 이십 년 동안이나 공격했으나 결국 힘을 잃어 멸망에 이르렀습니다."

"고구려의 성은 튼튼해서 쉽게 점령하기 어렵사옵니다. 수나라의 공격이 실패한 원인도 바로 고구려의 성 때문이옵니다."

당 태종은 언젠가는 고구려와의 전쟁을 생각하며 작전을 구상하고 있었다. 이 때 당 태종에게 매우 기쁜 소식이 전달되었다. 신라의 왕족 김춘추가 사신으로 당나라에 왔다는 것이다.

당시 신라는 고구려와 백제의 공격으로 완전 고립되어 국가의 존립마저 위태로울 지경에 이르렀다.

"백제의 공격을 막아 달라고 도움을 청하러 갔다가 오히려 더 큰 화를 가지고 돌아왔으니 어찌하면 좋겠소?"

"소신이 연개소문의 성질을 돋운 것 같습니다. 이제 신라는 고구려와 백제를 상대로 싸워야 하니 큰 걱정이 아닐 수 없사옵니다. 여왕 폐하! 방법은 단 하나, 당나라에 도움을 청하는 수밖에 없사옵니다."

김춘추는 고구려에서 돌아온 뒤 6년 만인 648년, 이번에는 아들 김인문과 함께 당나라로 떠났다.

7세기 중반 고구려와 백제 사이에 맺어진 군사 동맹 여제동맹

고구려 장수왕의 남진 정책으로 백제와 신라는 나제동맹을 맺었다. 그 후 100여 년 동안 신라와 백제는 왕실 간에 혼인을 하며 고구려의 남진을 서로 힘을 합쳐 막아 냈다.

백제의 성왕은 6세기 중반 옛 도읍지 한성을 되찾기 위해 신라와 가야를 끌어들여 고구려를 공격해 한강 유역 일부를 되찾았다. 이 때 고구려는 돌궐의 침입을 막느라 바빴다. 이에 고구려는 신라 진흥왕에게 한 가지 제안을 했다. 신라가 백제와 함께 고구려를 공격하지 않는다면 백제에 빼앗긴 한강 유역을 차지해도 좋으며, 더 나아가 영흥만(원산) 일대까지 차지하라는 파격적인 조건을 제시했다. 이에 신라의 진흥왕은 100년 동안 지켜 온 나제동맹을 하루아침에 깨뜨리고 오히려 백제가 수복한 한강 유역을 가로챘다. 이어 백제와 신라는 적대 관계가 되고 화가 난 백제 성왕은 신라를 공격하다가 관산성(옥천) 전투에서 전사했다.

이후 7세기 중반까지 신라는 백제의 가장 중요한 공격 대상이 되어 두 나라 사이에는 크고 작은 전쟁이 계속 이어졌다. 백제가 의자왕대 초반에 신라의 40여 개 성을 탈취하고 대야성(합천)까지 함락시키자, 궁지에 처한 신라는 당에 군사 원조를 구하게 되었다. 백제는 이러한 신라에 대항하기 위해 고구려와 군사 동맹을 맺었다. 이것이 여제동맹이다. 백제와 동맹을 맺음으로써 고구려는 신라에 신경을 쓰지 않고 수나라를 멸망시키고 나라를 세운 당나라와의 전쟁을 준비할 수 있었다.

'여제동맹'은 당시 한반도를 둘러싸고 전개되던 국제적인 정세 변동을 반영해 준다는 데 의미가 있다. 나당 연합군에 백제가 멸망하는 것을 보고만 있었던 고구려는 백제와 군사적인 동맹까지 맺지는 않았던 것으로 보고 있다.

계백 장군(?~660)의 초상

당 태종은 김춘추를 극진히 대접했다. 김춘추는 처음부터 군사 원조 이야기를 꺼내지 않았다.

'우선 당 태종의 마음에 들게 행동해야겠어.'

김춘추는 국학에 나가 높은 학문을 배우러 다녔다. 아예 당나라 사람처럼 행동하기 위해 신라의 옷을 벗고 당나라 옷으로 갈아입고 생활했다. 시간이 지나면서 당 태종은 김춘추가 마음에 들었다. 이것을 눈치챈 김춘추가 군사 원조 이야기를 꺼냈다.

"신라가 그럴 지경이 되었다니 참으로 안됐구려. 하지만 신라에는 김유신이라는 명장이 있다고 하는데……."

당 태종은 김춘추의 마음을 다시 한 번 떠보았다. 눈치 빠른 김춘추가 당 태종의 마음을 모를 리가 없었다.

"김유신 장군이 명장이기는 하나 어찌 황제 폐하의 장수보다 낫겠습니까? 신라는 아주 작은 나라이옵니다. 땅덩어리가 좁으니 뛰어난 인물이 있다 하나 얼마나 훌륭하겠사옵니까?"

당 태종은 흐뭇한 표정을 지으면서 김춘추의 말에 고개를 끄덕였다. 김춘추는 마지막으로 당 태종의 마음을 잡기 위해서 가지고 온 선물을 꺼냈다.

"황제 폐하! 이것은 신라의 진덕 여왕께서 황제께 드리는 선물이옵니다."

"오호! 지난번 선덕 여왕이 세상을 뜨고 그의 동생 진덕 여왕이 보위에 올랐다는 소식을 들었도다. 어디 보자! 참으로 여왕의 솜씨가 대단하구나!"

진덕 여왕이 직접 지은 시에 한 올 한 올 수를 놓은 〈태평송〉이라는 시를 선물로 가져온 것이다. 태평송은 당 태종을 칭찬하는 글로 가득 채워진 시이다.

진덕 여왕의 선물을 받은 당 태종은 기분이 몹시 좋았다.

'여왕이 직접 나를 생각하며 지은 시란 말이지.'

당 태종은 더 이상 시간을 질질 끌고 싶지 않았다. 당장 신라와 함께 동맹을 맺기에 이르렀다.

"백제도 고구려도 괘씸하도다. 동이족 가운데 당나라의 말을 잘 듣고 화친하고자 하는 나라는 신라뿐이로다. 고구려는 당나라를 속이고 천리장성을 쌓았으며, 백제는 고구려와 동맹을 맺었다. 이 두 나라를 당나라가 용서치 않을 것이다. 김춘추는 걱정 말고 돌아가도록 하라!"

진덕 여왕이 지은 〈태평송〉은
당 태종을 칭찬하는 글로 가득 채워진 시이다.

아, 위대한 당나라가 나라를 일으키니
거룩한 황제의 신비한 계략이 빛나는구나
드높은 황제의 사기는 하늘을 찌르고
북소리와 징소리마저 장엄하구나
황제를 배반한 오랑캐의 무리는
하늘의 벌을 받고
위대한 덕을 이룬 우리 황제 당나라 황제로다.

고구려와 당나라의 대전쟁

김춘추가 돌아가자 당 태종은 고구려의 분위기를 알아보기 위해 상리 현장을 사신으로 보냈다. 때마침 연개소문은 신라의 국경을 넘나들며 전쟁을 치르고 있었다. 당나라에서 사신이 왔다는 전갈을 받은 연개소문은 급히 말을 몰아 평양으로 달려왔다.

"당나라에서 오신 상리 현장께서는 어디 계시느냐?"

연개소문은 일부러 큰 소리로 떠들며 궁궐 안으로 들어왔다. 때마침 상리 현장은 보장왕과 함께 있었다. 큰 키에 궁궐이 무너질 듯 커다란 소리를 내며 들어온 연개소문에게 상리 현장은 우선 압도당했다.

"폐하! 소신 급히 전갈을 받고 전장에서 이런 모습으로 돌아오게 되어 민망할 따름이옵니다."

"그게 무슨 소린가! 지금 신라와 전쟁 중인 것을 내 어찌 모르겠는가. 예의나 형식을 갖출 것 없이 어서 들어와 앉으시게."

연개소문은 투구만 벗어 들고 갑옷을 입은 채 보장왕 앞으로 나가 큰절을 올렸다. 칼이 갑옷에 부딪혀 금속 소리가 들렸다. 연개소문은 상리 현장을 노려보았다.

"당나라 태종께서 서신을 보내 왔으니 읽어 보고 상리 현장에게 만족할 만한 답변을 주도록 하시오. 그러면 사신께서는 연 장군과 함께 의논을 하도록 하세요."

보장왕은 연개소문에게 모든 것을 맡겼다. 연개소문은 궁궐을 나와 조용한 장소로 자리를 옮겼다. 연개소문은 편지를 찬찬히 읽어 보았다.

요동의 임금 보장왕에게 이르노라! 고구려가 백제와 함께 신라의 국경을 자주 침범하여 전쟁을 일삼는다 하니 즉각 전쟁을 중지하라! 한강 유역은 오래 전부터 신라의 땅이다. 또한 신라는 당나라에 조공을 빠뜨리지 않고 있다. 만약 백제와 고구려가 말을 듣지 아니하고 계속 신라를 괴롭히면 당나라가 군사를 일으킬 것이다.

당 태종의 위협적인 내용을 다 읽은 연개소문은 점잖게 껄껄 웃었다.

"이보시오! 괜한 헛걸음을 하셨구려. 지금 신라와 전쟁을 하는 것은 고구려의 옛 영토를 되찾기 위해서요. 예전에 수나라의 침략 때문에 하는 수 없이 남쪽의 군사를 돌려 싸우자, 그 틈을 이용해 신라가 오백 리나 되는 고구려 영토를 차지한 것이오. 그래서 고구려가 다시 옛 영토를 되찾겠다는데 무엇이 잘못되었소이까?"

"그렇다면 요동은 원래 한나라 영토인데 우리 당나라가 달라고 하면 고구려는 줄 수 있소?"

"요동은 원래부터가 고구려 땅이오. 예전에 잠시 한나라가 차지했었으나 고구려가 물리친 이후 줄곧 고구려가 차지하고 있질 않소?"

상리 현장은 아무 소리도 못 하고 기가 꺾였다.

"나는 신라와의 전쟁을 위해 다시 전장으로 달려가야 합니다. 먼 길 오셨으니 편히 쉬셨다가 당나라에 돌아가시거든, 황제께 고구려의 입장을 잘 전달해 드리시오."

신라와 전쟁을 그만두라는 당나라 사신 앞에서 연개소문은 보란 듯 신라와 전쟁을 하러 떠났다.

'으음! 연개소문의 배짱이 보통이 아니군. 고구려를 멸망시키려면 연개소문, 저자를 없애는 것이 급선무인 것 같군.'

상리 현장은 며칠 더 평양에 머물다가 아무 소득도 없이 당나라를 향해 길을 떠났다. 연개소문은 상리 현장 일행이 정보를 수집하지 못하도록 군사들을 붙였다.

"우리가 알아서 갈 터이니 고구려 병사들은 이제 그만 돌아가시오."

"지금 고구려는 신라와의 전쟁 중이어서 분위기가 좋지를 않습니다. 대막리지께서 사신들의 안전을 위해 호위를 철저히 하라는 말씀이 계셨습니다. 그러니 국경까지 무사히 잘 모시겠습니다."

당나라 사신 일행은 고구려 병사들의 호위 때문에 정보 수집을 포기하고 당나라로 소득 없이 돌아갔다.

당 태종의 분노

"폐하! 보장왕은 허수아비요, 연개소문이란 자가 권력을 잡고 정치를 하고 있었사옵니다. 그자는 건방지고 성격이 거칠었습니다."

"그래 고구려 백성들의 생각은 어떠하더냐?"

"우리와 화친을 했던 영류왕을 그리워하고 있었사옵니다."

상리 현장은 고구려 군사들의 호위 때문에 정보 수집을 못 한 것이 들통날까 봐 거짓으로 고구려 분위기를 전했다.

"연개소문 그자를 일찍이 없애 버렸어야 했거늘……."

당 태종은 상리 현장의 말을 전해 듣고 크게 후회를 했다. 당 태종은 또다시 사신을 여러 차례 고구려에 보냈다. 당나라 황제의 명을 받들지 않으면 전쟁을 일으키겠다는 강력한 경고가 담긴 조서도 함께 보냈다.

"고구려가 당나라의 신하인 줄 아느냐? 당장 돌아가라!"

고구려도 당나라에 사신을 보냈다. 당 태종은 고구려 사신이 예전 같지 않고 당당한 것을 보고 느낀 바가 있었다.

'고구려가 이제는 우리와 맞서려고 하는구나!'

고구려와 당나라는 사신을 보내 서로 자존심 싸움을 벌였다.

"사신으로 온 자의 태도가 건방지도다. 당장 신하의 예를 갖춰 엎드려 큰절을 올려라!"

"절을 하라니요? 어찌 당나라 사신이 신하의 나라 고구려 왕에게 절을 한단 말이오? 당나라 사신은 황제를 대신해 명을 받들어 온 것임을 모른단 말이오?"

"지금 신하의 나라라고 했느냐? 네 이놈, 감히 여기가 당나라

고비 사막
당나라는 고비 사막에 사는 돌궐을 제압했다. 당나라는 돌궐 제압 후 고구려에 대해 강경하게 나왔다.

인 줄 알았더냐. 지금까지 고구려는 당나라의 신하로 살아온 적이 없다. 여봐라! 이자는 고구려를 정탐하러 온 자이니 당장 옥에 가두어라!"

결국 당나라 사신 장엄은 고구려에 사신으로 왔다가 간첩죄로 옥에 갇혔다. 이 소식을 들은 당 태종은 속을 끓였다.

"감히 황제가 보낸 사신을 잡아 가두다니 용서하지 않겠다."

당 태종은 큰소리를 치며 사신을 보내 장엄을 돌려보내라고 했다. 그러나 고구려는 자존심을 내세우며 6년 동안이나 버텼다. 이로 인해 당나라의 사신들은 고구려에 오기를 두려워할 정도였다.

삼실총 전투도
중국 지린 성 삼실총 벽화에 있는 고구려 기마병의 전투 모습이다. 철갑 기병으로 말에게도 갑옷을 입혔다.

  금방이라도 전쟁을 벌일 것처럼 떠벌이던 당 태종은 생각보다 매우 신중한 사람이었다. 그는 김춘추가 당나라에 다녀간 지 10년이 되도록 고구려와의 전쟁을 생각만 하고 있을 뿐 쉽게 행동을 보이지 않았다.
  그것은 자신의 후계자 문제가 불거져 태자가 폐위되고 장군들이 모반을 일으키는 등 내부적으로 힘든 상황이 계속되었기 때문이다. 태자 문제가 일단락되자 황제의 권위가 떨어진 것을 만회하려고 고구려와의 전쟁을 결정했다. 당나라 백성들은 과거 수나라가 고구려를 공격했다가 크게 패한 것을 염려하며 고구려 원정에 반대하는 자들도 많았다. 한편으로는 수나라 때의 패배를 당나라가 갚아 주기를 원하는 사람들도 있었다. 이들은 주로 고구려와의 전쟁에서 자식을 잃은 부모들이었다.

당 태종은 이러한 나라의 분위기를 잘 이용해 고구려 원정을 준비했다. 작은 나라 신라를 돕기 위한 원정이라기보다는, 고구려를 멸망시켜야만 천하를 지배할 수 있다는 자만심에서 고구려 원정을 결정한 것이다. 그리고 당나라 백성들에게는 고구려 원정의 명목으로 한나라 때의 영토를 되찾는다는 것을 밝혔다.

당나라는 서역의 여러 나라와 북쪽의 돌궐마저 제압한 상태에서 이제 세상에 남아 있는 큰 나라는 고구려뿐이었다. 당 태종은 요동의 지배자 고구려를 굴복시켜야만 천하를 다 얻은 것이라는 '천하관'에 사로잡혀 있었다.

요동이 흔들리다

"당나라와 화친을 하던 영류왕과 귀족들을 죽이고 허수아비 왕 보장왕을 세워 놓고 독재를 일삼는 폭군 연개소문을 응징하리라! 이번 전쟁은 영류왕의 죽음을 갚기 위해 고구려 원정을 떠나는 것이며, 연개소문의 폭정에 시달리는 황제의 백성들을 구하기 위한 것임을 알라!"

당 태종은 고구려 원정을 떠나기 전 고구려에 사신을 보내서 경고를 주었다. 이에 연개소문은 크게 화를 내며 사신을 몹시 꾸짖었다.

"당 태종은 형제들을 무참히 죽이고, 아버지 고조마저 강압적으로 황제의 자리에서 물러나게 하여 황제의 자리를 차지했다. 그런 자가 감히 영류왕의 죽음을 갚겠다며 군사를 일으킨다고 하니 지나가는 강아지도 웃겠다. 사신은 가서 전하라! 너나 잘 하라고 말이다."

고구려에서 돌아온 사신으로부터 모욕적인 말을 들은 당 태종은 도저히 참을 수가 없었다.

"내 친히 군사를 이끌고 고구려를 원정할 것이다. 네 이놈, 연개소문아! 기다려라!"

645년 2월 12일 당 태종 이세민은 도읍지 낙양에서 대군을 동원해 고구려 원정길에 올랐다. 50만 고구려 원정군은 끝이 보이지 않을 정도로 길었다.

당나라의 선봉 부대는 고구려 국경 부근에 있는 요동 도행군이었다. 이 선봉 부대의 임무는 고구려가 믿고 있는 요하의 방어선을 뚫고 들어가 성을 확보하는 일이었다. 그래야만 낙양에서 출발한 당 태종이 이끄는 원정군이 안전하게 고구려 영토에 들어올 수 있었다.

요동 행군은 수나라 때와는 다른 진격로를 이용해 요하를 건너 현도성을 점령했다. 철이 많이 나오는 무순시 신성을 공격했으나, 고구려 병사들은 성문을 걸어 잠그고 대항하지 않았다.

개모성의 병사들 역시 연개소문의 작전대로 성을 지키는 일에만 몰두했다. 개모성을 에워싼 당나라 군사들은 10여 일 동안 공격을 퍼부었다. 고구려군은 성 안에서 안전하게 전투를 치러 당나라 행군 총관 강확을 활로 쏘아 죽이는 성과를 얻었다.

당나라 군사들은 당 태종이 요동에 도착하기 전에 큰 승리를 얻기를 원했다. 그런데 강하마저 목숨을 잃자 요동 행군을 총동원해 개모성 공격에 나섰다.

결국 4월 26일 개모성은 당군에 의해 함락되었다. 성에서 불길이 올랐고 성 안에 있던 2만 명의 포로와 쌀 10만 석이 당군에 넘어갔다.

개모성이 함락된 것은 고구려로서는 골치 아픈 일이었다. 당나라 군은 개모성을 주축으로 요동의 여러 성들을 공격할 계획이었다. 특히 당 태종이 이끄는 친정 부대가 요하를 쉽게 건널 수 있는 장점이 있었다. 당나라 군대가 신성을 놔두고 개모성을 함락시키기 위해 총공격을 퍼부은 것도 바로 이러한 지리적 이점 때문이었다.

개모성이 당군의 수중에 떨어지자 고구려는 요하 동쪽을 방어하기가 어려웠다. 오히려 당군에 포위된 상황이 되었다.

당 태종이 이끄는 친정군은 요하의 하류인 요택을 건너 요동으로 들어왔다. 연개소문은 고개를 갸우뚱했다. 요택은 사람이 지나갈 수 없는 늪지대였다. 고구려의 요동과 당나라 영주 사이에 있는 거대한 늪지대였다. 늪지대여서 배도 다닐 수 없었다.

"그 많은 대군이 요택을 어떻게 해서 건넜단 말인가!"

"갈대를 꺾어 진흙에 깔고 미리 준비한 널빤지를 대고 건넜다 합니다."

"그뿐이 아닙니다. 적들은 요택을 건널 때 사용한 기구들을 모두 불살라 버렸다고 합니다."

"하면, 고구려를 점령하고 당당하게 당나라로 가겠다는 뜻인가?"

"고구려를 정복하지 않고는 돌아가지 않겠다는 의지로 모든 기구들을 불태웠을 것입니다."

"건방진 당군이구나! 요택을 건널 때 사용한 물건들을 불태운 것에 대해, 내 반드시 후회하게 만들겠다."

연개소문은 적들이 돌아갈 때 반드시 요택으로 몰아넣어 빠져 죽도록 하겠다며 결전 의지를 불태웠다.

당나라는 고구려 원정을 오랫동안 준비했다. 주변 국가들을 모두 제압하고 마지막으로 고구려 원정을 실행에 옮겼다. 그만큼 오랜 준비를 했기에 승리를 확신했고, 정복에 대한 의지가 컸다.

아무튼 고구려로서는 상상도 못 했던 일이 전쟁 초기부터 일어난 것이다. 수나라 때와 마찬가지로 당군도 요하를 건너리라 생각했다. 수나라 때에는 요하를 건너려는 적을 공격해 20여 일 동안이나 막아 냈었다. 그로 인해 수나라는 전쟁 초기에 많은 병력

손실을 입었었다.

그러나 당 태종은 수나라가 실패한 전략을 그대로 따르지 않았다. 그 결과 고구려는 1차 방어선 요하에서 당나라 군대와 전투를 벌이지 못해 당군에 치명타를 입히지 못했다.

당 태종이 요동에 들어오기 전에 당군 사령관들은 큰 공을 세우기 위해 동분서주했다. 당 태종에게 큰 선물을 안겨 주고 싶었던 것이다. 당의 행군 총관 장군예는 기병을 맨 앞에 내세워 1만여 명의 병력으로 고구려군을 공격했다. 고구려군은 뒤로 밀려나다가 갑자기 돌아서서 빠른 기병을 이용해 공격했다. 이로 인해 당나라 군의 피해가 무척 컸다.

결국 강하왕 도종이 흩어진 당군을 수습하고 고구려군을 공격해 고구려군은 1,000명의 병사를 잃고 요동성으로 후퇴했다.

당 태종이 요택을 건너 요동성 외곽 마수산 부근에 진을 쳤다. 요동에서 가장 큰 요동성을 점령해야만 당군의 사기가 오른다고 당 태종은 생각했다. 화려한 장막이 만들어졌고, 당 태종을 만나러 온 요동 행군 장수들에게 그 동안의 전과를 보고하도록 했다.

"장군예가 이끄는 부대의 병력이 큰 해를 입었습니다."

"이런 못난 것 같으니라고……. 당장 장군예를 끌고 가 목을 베어라."

이처럼 당 태종의 고구려 원정은 절대 물러설 수 없는 상황이었다. 그리고 반드시 고구려 원정을 성공하고 돌아가야만 황제의 떨어진 위신을 다시 세우고, 천하를 다스릴 수 있었다.

"요동은 매우 춥다. 겨울이 오기 전에 전쟁을 끝내야 한다."

당 태종은 속전속결만이 고구려 원정을 승리로 마감할 수 있다고 생각했다. 그러나 고구려의 성은 쉽게 점령당할 만큼 약하지 않았다. 당나라가 다른 여러 나라를 점령할 때와는 달리 고구려에는 돌로 쌓은 성과 산성이 1,000리 곳곳에 버티고 있었다.

요동성이 함락되다니

당 태종은 요동에서 제일 큰 성인 '요동성'을 총공격하라는 명령을 내렸다. 요동성을 점령한 다음 고구려 원정 당나라 본부로 사용할 생각이었다. 또한 요동성에 군사 물자를 쌓아 두고서 주변의 성들을 차례 차례 점령한 다음, 평양까지 쳐들어간다는 계산도 있었다.

"요동성을 점령한 다음 오골성을 거쳐 평양으로 진격한다."

수나라 100만 대군도 점령하지 못한 요동성을 공격하기 위해 대군이 전열을 가다듬었다. 수나라 때보다는 병력이 많지 않았지만, 대신 무기가 발달해 더욱 위협적이었다. 당 태종의 침입은 고

평양성 대동문
고구려의 건축물에 이어 발전시킨 웅장함과 아름다움과 경쾌함을 지닌 성문 건축의 대표적인 유물이다.
6세기 중엽에 세워졌다. 조선 중기에 이르러(선조 9년) 그 자리에 지금의 성문이 새로이 건립되었다. 북한 평양에 있는 평양성 내성의 동문.

구려에 커다란 위기였다.

"성주들은 성문을 단단히 걸어 잠그고 버티기 작전에 들어가라. 그리고 적들이 느슨한 틈을 타 기병을 선두로 성문을 열고 나가 공격한다."

고구려는 성을 이용하면서 치고 빠지는 전법을 사용하며 전투를 벌였다. 고구려에 성은 생존 그 자체였다.

고구려는 전쟁이 일어나면 백성과 군사 모두가 성 안으로 들어와 생활하면서 전쟁을 치렀다.

그러다 보니 백성과 군사가 따로 없었다.

보통 한 성 안에 2만 명 정도가 있었다. 적을 물리칠 때까지 먹고살아야 했으므로 보통 10여 만 석은 성에 비축해 두었다.

요동성에는 2만의 병력과 쌀 50만 석이 비축되어 있었다. 당나라의 공격을 방어만 할 수 있다면 여러 날 동안 버틸 수 있었다.

당군은 돌을 날려 성벽을 무너뜨리는 '포차'를 총동원해 요동성을 공격했다. 포차에서 날아간 돌들이 비 오듯 요동성을 향해 날아갔다.

"쿵! 쾅!"

1차 고·당 전쟁도

　돌덩이의 집중 공세를 받은 요동성은 어이없게도 무너지기 시작했다. 고구려군은 성 위에 나무를 쌓아 무너진 성벽을 보수하고, 밧줄로 그물을 만들어 얽어 놓아 포차에서 날아오는 돌 세례를 막는 방법을 취했다. 당군은 요동성 주위를 흐르는 강물을 흙으로 메워 버렸다. 고구려군은 성벽 가까이에 마름쇠를 뿌리고, 뜨거운 물을 뿌리거나 돌을 쏟아붓고, 활과 쇠뇌를 쏘아 적이 성벽에 기어오르지 못하게 했다. 포차를 향해 불화살을 날리고, 간혹 기병을 동원해 성문을 열고 나가 당군을 공격해 포차를 빼앗으려고 했다.

"요동성은 완전히 고립되었습니다. 요동성을 수백 겹으로 에워쌌다고 합니다."

"요동성을 지키는 고구려군에 비해 당군의 병력이 지나치게 많습니다."

요동성을 뒤에 두고 당군이 고구려 깊숙이 쳐들어오는 무리수를 두지 않으려는 것이다. 시간이 걸리더라도 요동성을 함락시키고 평양으로 쳐들어갈 계산이었다.

고구려군이 지쳐 갈 무렵 불운이 겹쳤다. 바람이 요동성을 향해 세차게 불기 시작했다. 당나라 군사들은 바람을 이용해 불화살을 비 오듯 쏘아 댔다.

"불이야! 곡식 창고에 불이 붙었다."

"무기고에도 불이 붙었습니다."

성 안은 불바다였다. 거센 바람으로 인해 불길은 쉽게 잡히지 않았다. 이를 기회로 당군은 성벽에 기어오를 수 있었다. 고구려군은 당군과 또 불이라는 적과 싸워야 했다.

난공불락 요동성은 결국 한 달 만에 무너지고 말았다. 평양성의 연개소문은 큰 충격을 받았다. 그래도 다행인 것은 요동성이 한 달 동안이나 당군의 공격을 막아 내서 다른 성들이 당나라 공격에 대비해 더 철저히 준비할 수 있었다는 점이다.

연개소문은 평양성에서 지휘관들을 모아 놓고는 매일 작전 회의를 하고 각 성주들에게 지시를 내렸다.

"당군은 백암성을 공격할 것이다. 백암성이 적의 수중에 떨어지면 봉황성이 위험하다. 오골성에서 일만 명의 병사를 백암성으로 보내 지원하도록 하라."

백암성으로 향하던 고구려 지원군은 백암성 교외에서 요동 행군 총관 계필하력이 이끄는 당나라 군 1만 명과 만났다.

너른 벌판에서 기병과 궁수를 동원해 전투가 벌어졌다. 고구려의 고돌발은 창으로 계필하력의 옆구리를 찔러 중상을 입히는 전과를 올렸다.

백암성 산자락에 쌓은 가장 웅장한 고구려 산성이다. 성벽의 돌이 하얗게 보인다고 해서 백암성이다.

"이대로 물러설 수가 없다. 전열을 가다듬고 고구려군을 공격하라!"

계필하력은 상처를 천으로 묶고 사력을 다해 당나라 군대를 이끌었다. 그러자 고구려군이 점차 밀리기 시작했다. 고구려 지원군은 당나라 군에 쫓겨 어렵사리 백암성에 들어갔다.

백암성은 작은 성이지만 태자하가 흐르고 있어서 천혜의 요새였다. 당군이 공격을 할 수 있는 곳은 오직 서쪽 성문뿐이었다.

당군은 서문을 향해 중차로 가격을 하고 화살을 날리며 성벽을 기어올랐다. 백암성의 병사들은 죽을힘을 다해 당군의 공격을 막아 냈다.

다음 날, 우위 대장 이사마는 말을 타고 백암 성벽 가까이서 폼을 잡았다. 그러자 고구려군은 쇠뇌에 독화살을 장전해 발사해 이사마를 말에서 떨어뜨렸다.

"장군이 쓰러졌다. 모시고 후퇴하라!"

후퇴한 당군은 반드시 백암성을 함락시키겠다는 의지를 불태웠다. 당차로 성문을 공격하고 포차를 동원해 돌을 비 오듯 쏟아부었다. 성을 몇 겹이나 에워싼 모습을 본 성주 손대음은 겁이 덜컥 났다.

"너는 적진에 가서 백암성 성주가 항복하겠다는 뜻을 전하고,

그 방법을 듣고 오너라!"

손대음 말을 들은 고구려 병사는 칠흑같이 어두운 밤을 이용해 적진으로 백기를 들고 들어갔다.

"무엇이? 그 말이 진정이렷다. 좋다, 그 증거로 성 꼭대기에 당군의 깃발을 내걸도록 하라."

이윽고 당군의 공세가 펼쳐지자 손대음은 부하를 시켜 당군의 깃발을 꼭대기에 매달았다.

"아니, 이게 어떻게 된 일인가! 당군이 벌써 성 안에 들어왔단 말인가!"

백암성 안의 병사와 백성들이 우왕좌왕하는 사이, 성문이 열렸고 당군이 물밀듯이 밀려 들어왔다.

"차라리 당군에 붙잡혀 목숨을 잃기보다는 싸우다 죽자!"

적장 계필하력에게 큰 상처를 입혔던 고돌발은 남아 있는 고구려 병사들과 함께 끝까지 저항하며 성 안으로 들어온 당군과 싸웠다. 그러나 끝내 백암성은 당군에 점령당하고 말았다.

배신자 손대음에 의해 일어난 비극이었다.

고구려를 지킨
안시성 전투

"안시성이 위험하다."

연개소문은 당군이 안시성으로 몰려갈 것으로 내다봤다. 안시성은 양만춘 장군이 다스리고 있었다. 양만춘은 연개소문이 영류왕을 죽이고 정권을 잡자 크게 반발하며 연개소문과 대적했던 인물이다.

"고구려를 위해 당나라에 굽실거리는 귀족들을 처단하는 것은 옳소. 그러나 어찌해서 천손인 영류왕마저 죽였단 말이오?"

안시성 성주 양만춘은 영류왕 시해 문제로 유일하게 연개소문에게 대항한 인물이었다.

"안시성의 양만춘을 사로잡아 죽여야 하옵니다."

"양만춘 성주는 백성들에게 존경받는 분이다. 그런 장수를 나와 뜻이 다르다 하여 함부로 죽일 수는 없다."

양만춘의 인품을 익히 알고 있던 연개소문은 더 이상 양만춘과 다투지 않았다. 그리고 양만춘 또한 당나라가 곧 쳐들어올 것으로 보았기 때문에 국력을 소모하는 그러한 다툼은 그만두었다.

"안시성이 적들에게 넘어가지 않도록 각 성주들은 군사를 보내 외곽에 진을 치고 있는 적들을 섬멸하라! 그리고 적들에게 빼앗긴 요동성을 공격한다면 안시성은 그만큼 적을 대적할 시간을 벌게 될 것이다."

연개소문은 안시성을 구하고 싶었다. 더구나 안시성은 양만춘이라는 너무도 훌륭한 장군이 다스리고 있었기 때문이다. 양만춘이라는 위대한 장군을 당나라 군사의 칼날에 쓰러지게 하고 싶지 않았다.

백암성을 점령한 당군은 곧장 안시성으로 가고자 했으나, 아직도 요동성 주변에는 연개소문의 명을 받은 고구려군이 저항을 계속했다. 다른 성에서 온 지원군까지 합세해 요동성이 다시 고구려의 수중에 떨어질 위기에까지 이르렀다. 연개소문은 직접 대군을 이끌고 오골성에 와 있었다. 그러자 고구려 군사들의 사기가 하늘을 찌를 듯했다.

"안시성이 점령당하지 않도록 적들을 공격해 교란시켜라!"

연개소문은 직접 말을 타고 선두에 서서 적을 공격했다. 당군은 안시성을 공략하면서 또 한편으로는 연개소문이 이끄는 고구려군과 싸우느라 정신이 없었다. 고구려 지원군은 성 밖에 진을 치고 당나라 군을 여러 차례 공격했다. 당나라 군이 점령하고 있는 요동성마저 고구려군에 빼앗길 위기에 처했다.

"요동성을 빼앗기면 당군은 설 곳이 없다. 모든 병력을 동원해 요동성을 지켜라!"

결국 당나라 대군은 요동성 사수에 사력을 다했다. 그 바람에 안시성 공격을 늦출 수밖에 없었다.

안시성 전투도 당시 인구 10만에 이르던

안시성을 다스리는 성주 양만춘은 백성과 병사들을 모아 놓고 곧 다가올 전투에 대비했다.

"요동성과 백암성이 무너졌다. 이제 적들은 안시성으로 몰려 올 것이다. 대막리지 연개소문의 도움으로 안시성이 다소 시간

고구려의 영지로 양만춘과 백성들이 힘을 합쳐 치열한 전투를 벌인 전장이었다. 지금은 중국의 랴오닝 성에 속해 있다.

을 벌었을 뿐이다. 이제 안시성마저 적에게 빼앗기면 평양성까지 큰 저항 없이 적들이 쳐들어갈 것이다. 그렇게 되면 고구려의 운명마저 예측할 수가 없다."

안시성은 흙으로 쌓은 토성으로 작은 산성이 에워싸고 있다. 안시성의 병력도 당나라에 비해 비교가 안 될 정도였다. 당나라 군대는 철통같은 요동성과 백암성을 점령해 사기가 하늘을 찔렀다. 그러나 당군의 피해 또한 심각했다.

안시성을 향해 달려오는 당군의 수가 끝도 없었다. 천지는 말발굽으로 진동하고 뽀얀 먼지로 인해 병사들의 모습이 보이지 않을 정도였다.

"포차로 공격하라!"

요동성과 백암성 공격에서 재미를 본 당군은 포차를 쏘아 대며 안시성을 공격했다. 안시성의 고구려 병사들은 성 위에 올라가 활과 쇠뇌를 쏘아 대며 적들이 성벽을 기어오르지 못하도록 방어했다. 포차에 의해 성벽이 무너져 내렸으나, 이미 포차의 성능을 알고 있던 안시성 병사들은 통나무를 준비했다가 무너진 성벽을 메웠다.

"고구려군의 공격을 막아 내느라 우리가 늦게 오는 동안 고구려 놈들이 준비를 철저히 했구나. 하지만 안시성은 요동성에 비해 아주 작은 성이다. 공격하라!"

당군과 고구려군은 한 치의 양보도 없이 공방전을 펼쳤다. 안시성의 양만춘 장군은 간혹 성문을 열고 나와 적들을 향해 돌진해 전열을 흩뜨려 놓았다. 언제 어느 때 성문이 열리면서 고구려 병사들이 몰려 나올지 몰라 당군은 걱정이 앞섰다.

"성벽을 무너뜨리면 곧장 통나무로 뚫린 곳을 막으니 아무 소용이 없습니다. 이제는 주변에 돌이 남아 있지를 않습니다."

안시성은 산성으로 이루어져 있어서 성문에 일렬로 세워 놓고 포차로 공격하던 방법은 효과가 별로였다. 시간이 지나도 안시성을 점령 못하자 당 태종은 초조했다.

"그러면 안시성 안이 훤하게 내려다보일 정도로 높은 흙산을 쌓아라!"

당나라 병사들은 지휘관의 명령에 따라 흙을 부대에 퍼 담아 쌓기 시작했다. 수십만 명이 달려들자 흙산은 쉽게 완성되었다.

"안시성이 한눈에 내려다보인다. 포차를 올려 와라!"

당군은 포차를 이용해 성 안으로 돌을 쏘아 댔다. 그리고 화살을 쏘아 대는 통에 안시성이 위태로웠다.

"장군! 적들의 공세에 어찌할 바를 모르겠습니다. 이대로는 며칠을 견디지 못할 것이옵니다."

"조금만 버티자. 곧 지원군이 오지 않겠느냐?"

그런데 며칠 후였다. 당나라 군사들이 쌓은 흙산이 한꺼번에 와르르 무너져 내렸다. 설상가상으로 흙산이 무너지면서 안시성을 덮쳤다. 흙더미에 깔린 당나라 병사들은 크게 다치거나 목숨을 잃었다.

이 때 안시성 안에 있던 고구려 병사들이 흙산으로 올라가 점령했다. 고구려 병사들이 성문을 열고 나와 우왕좌왕 전의를 상실한 당나라 병사들을 공격했다. 당나라 병사들은 방어조차 못하고 쏜살같이 흙산에서 빠져 나갔다.

"하늘이 우리 고구려를 돕고 있구나! 성문을 열고 나가 적들을 베어라!"

"우와!"

고구려 병사들이 일제히 성문을 열고 나와 도망가는 당군을 공격했다. 당군은 수많은 시체와 부상당한 병사를 놔두고 후퇴하기에 바빴다.

"흙산이 무너져 안시성과 연결되었다. 오히려 우리가 흙산을 다시 점령하게 되면 더없이 좋은 기회다. 총공격하라!"

당군은 다시 흙산을 빼앗기 위해 대군을 동원해 총공세를 펼쳤다. 그러나 안시성 주변에는 이미 연개소문의 작전에 따라 여러 성에서 달려온 고구려 지원군들이 버티고 있었다. 안시성을 지키기 위해 교외에서 치열한 전투가 벌어졌다. 당군은 계속 안시성을 향해 돌격을 해 왔지만 그 때마다 고구려군의 기마병들에게 혼쭐이 났다. 당나라 군은 눈앞에 흙산을 두고서도 고구려군의 공격을 받는 바람에 쉽게 흙산에 접근할 수 없었다.

고구려군은 안시성 주변에서 3일 동안 20여 차례 대접전을 벌였다.

날이 갈수록 당군은 사기를 잃고 패색이 짙어졌다. 당군은 요동에서 더 이상 진출하지 못하고 발이 묶였다. 천산을 넘어 봉황성을 공격하려던 당군은 산 속에 매복해 있는 고구려군에 역습을 당해 요동으로 후퇴했다.

"적들이 요동을 벗어나지 못하도록 고구려 성주들은 힘을 합

봉황산성
오골성으로 불리며, 연개소문이 이곳까지 와서 당나라군을 맞이해 싸우는 고구려군을 지휘했을 것으로 보고 있다.

쳐 서로 도와 항전하라!"
 연개소문은 성주들에게 파발을 보내 격려를 해 주었다. 당 태종이 이끄는 50만 대군은 끝내 요동을 놔두고 평양으로 진격할 수가 없었다.
 "저런 토성 하나 점령하지 못한단 말이냐. 에이, 참으로 부끄럽다."
 당 태종은 크게 화를 내며 안시성을 반드시 점령하라며 휘하 장수들에게 명을 내렸다. 그리고 직접 병사들을 이끌고 지휘를 하다가 그만 고구려군이 쏜 화살에 상처를 입었다. 당시 당 태종이 눈을 잃었다는 이야기가 전해지나 정확하지는 않다.
 당 태종 자신도 점점 자신이 없었다. 3개월 동안 요동을 벗어나지 못했다는 사실에 수치심마저 느꼈다.
 "안시성을 공격한 지 얼마나 되었느냐?"
 "삼 개월째이옵니다."
 "곧 겨울이라는 추운 적이 닥치겠구나."
 "병사들도 이젠 지쳤습니다. 식량도 바닥이 났습니다."

눈을 크게 다친 당 태종은 더 이상 전쟁을 치를 기력이 남아 있지 않았다.

"전군에게 알려라. 모두 당나라로 돌아간다."

세상을 제패하려던 당 태종은 작은 토성인 안시성 하나 점령하지 못하고 퇴각 명령을 내렸다. 황제 체면이 말이 아니었다.

양만춘과 당 태종

당 태종은 안시성 공격을 멈추고 후퇴하면서 안시성 성주가 누구인지 물었다고 한다. 이 때 부하 장수가 양만춘이라고 대답했다. 그러자 당 태종은 고개를 끄덕이며 비록 적장이기는 하나 훌륭한 장수라고 칭찬을 했다고 한다.

"양만춘에게 비단 백 필을 선물하라. 비록 적장이기는 하나 훌륭한 인물이다."

비단을 받은 양만춘은 당 태종이 안시성을 떠나 후퇴하자 군사들에게 지시해 고구려 깃발을 모두 눕히고 성벽에 올라 당 태종을 향해 존경의 표시로 인사를 했다고 한다. 하지만 이러한 기록은 사실이 아니었을 것이다. 후퇴를 하는 다급한 상황에서 비단 100필을 양만춘 장군에게 보낸 것도 그렇거니와, 떠나가는 당 태종을 배웅하기 위해 양만춘이 존경의 표시로 고구려 깃발을 모두 눕히고 성벽에 올라 인사를 했다는 사실도 후에 꾸며졌을 것이다. 당 태종은 대군을 동원해서도 안시성을 점령 못하자 성주에게 바다와 같은 넓은 마음으로 비단을 선물했고, 양만춘은 당 태종의 넓은 마음을 알아보고 황제에 대한 예를 갖췄다는 식으로 후에 이야기가 만들어져 전해졌을 것이다.

요동에 흩어져 있던 당나라 군대는 후퇴하기 위해 요동성으로 모두 모여들었다. 당나라 군의 식량과 군사 물자는 요동성에 있었다.

요동성에 있는 식량만으로는 당나라 국경까지 가는 데 필요한 식량이 턱없이 부족했다. 당 태종이 상처를 입어서 퇴각 명령을 내렸다기보다는 식량이 부족해서였다는 말이 설득력이 있다.

군선을 이용해 식량을 보급하고자 했으나 당나라 해군은 비사성을 제외하고는 해안성을 점령하지 못했다.

"추운 겨울이 올 때까지 성을 잘 지키고 견디면 당나라 군은 스스로 물러날 것이다. 그러니 수군은 당나라에서 식량을 싣고 오는 보급선을 공격하여 고구려 영토에 닻을 내리지 못하도록 하라."

연개소문의 명을 받은 고구려 수군은 산동에서 식량을 싣고 오는 보급선을 공격해 보급로를 차단했다. 당나라 병사들은 요동성과 백암성에서 빼앗은 식량으로 해결해야만 했다. 그러다 보니 50만 대군이 먹을 식량이 태부족이었다. 그래서 후퇴하다가 군선에 싣고 오던 보급품을 빼앗긴 수군의 실책을 들어 해군 사령관의 목을 친 이유도 여기에 있었다.

요동성 안에서는 당 태종과 함께 장수와 신하들 사이에 후퇴하는 길을 놓고 열띤 공방이 벌어졌다.

"요동성에 있는 식량만으로는 당나라까지 가기가 힘듭니다."

"요택을 택한다 해도 약 열흘 정도 식량이 모자랍니다."

"물이 가득해 지금 상태로는 요택을 건너기란 쉽지 않습니다."

"요택을 건너려면 기구가 있어야 하는데, 모두 태워 버린 것이 큰 문제입니다."

요택을 건너야 한다, 돌아서 육지로 가야 한다, 장수들 간에 공방이 끊이지 않았다. 결국 당 태종은 다소 사상자가 발생하더라도 빨리 고구려 영토에서 벗어나는 게 가장 좋은 방법이라고 생각했다. 그래서 요택을 건너기로 했다.

 요택은 장마철에는 강으로 변했다가 가을에는 늪이 되었다. 과거 수나라 병사들이 요택을 건너 후퇴하다가 수도 없이 목숨을 잃었다. 요택에서 굶어 죽고 얼어 죽는 자가 많았다.

 당나라 병사들이 고구려 원정을 위해 요택을 건널 때, 수나라 병사의 죽은 시신들이 해골로 변해 있는 것을 수도 없이 보았다. 당나라 병사들은 요택을 건너 당나라로 돌아가기가 두려웠다. 자신들도 수나라 병사들처럼 요택에 갇혀 죽을 수 있다는 생각에 맥이 탁 풀렸다.

 그렇다고 요택을 피해 가자니 턱없이 부족한 식량 때문에 굶어 죽을 수밖에 없었다. 더구나 먼 길을 걸어서 후퇴하게 되면 고구려군의 공격을 받아 거의 전멸당할 것이 뻔했다. 결국 제일 빠른 길로 요택을 선택했지만 당나라 병사들에게 죽음의 그림자가 시시각각 다가오고 있었다.

 연개소문은 당나라 군대가 요동에 모였다가 요택을 건너 후퇴한다는 전갈을 받았다.

 "적들이 스스로 요택이라는 무덤으로 들어갔다. 이것은 독 안에 든 쥐를 잡는 것과 다를 바 없다. 병법도 모르는 자들이 감히 고구려를 치고자 먼 길을 왔다. 요택이 적들의 무덤이 될 것이다."

전쟁에서 사기를 잃고 죽음의 공포에 질려 후퇴할 때 가장 많은 병사들이 죽음에 이른다.

이제 당나라 군은 연개소문의 말대로 독 안에 든 쥐 신세였다.

요택은 허리까지 빠지는 늪이 대부분이었다. 당 태종은 1만 명의 병사들에게 명령을 내려 갈대를 꺾어다가 겨우 길을 냈다. 물이 깊은 곳은 수레를 빠뜨리고 그 위에 갑옷을 깔아 후퇴로를 만들었다.

"아, 이런! 요택을 건너면서 사용했던 장비를 불태운 것이 한이로다!"

당 태종은 고구려를 공격하기 위해 요택을 건널 때 사용한 장비들을 모두 불태웠다. 고구려를 공격하고 돌아갈 때는 당당하게 많은 전리품을 갖고서 육로를 이용하겠다는 생각에서였다.

당나라 군이 왔던 험난한 길로 다시 돌아간다고는 생각도 해보지 못했다.

고구려 병사들이 후퇴하는 당나라 군을 거세게 공격했다. 전쟁에서 가장 큰 승리는 사기를 잃고 후퇴하는 적들을 공격하는 것이다.

이에 당 태종은 기마 부대를 위주로 약 1만 명의 정예 부대를 후퇴하는 병사들을 보호하기 위해 맨 뒤에 배치했다. 그리고 고구려 병사들의 공격을 막아 내면서 어렵게 요택을 건너고 있었다.
　"불이야!"
　요택 갈대밭에서 불길이 솟았다. 당나라 병사들은 아우성을 치며 불길을 헤쳐 나갔다. 온몸에 불이 붙은 병사들은 진흙 구덩이에 몸을 던졌다.

그러나 순식간에 갈대밭에 화염이 이글거렸다. 멀리서 불꽃을 일으키며 당나라 병사들이 있는 곳으로 다가왔다. 결국 많은 병사들이 불에 타 죽거나 길이 없는 요택으로 피하다가 물에 빠져 죽었다.

당 태종은 눈물을 흘리며 병사들의 시신을 밟고 요택을 건너야만 했다. 뒤에서는 고구려 병사들이 계속 추격해 왔다. 상황이 얼마나 다급했는지 당 태종 자신이 직접 칼로 갈대를 꺾어 길을 만들며 건너야만 했을 정도였다.

연개소문은 요택에 당나라 군대를 몰아넣고 공격을 퍼부어 당나라 군을 죽음에 이르게 했다. 연개소문의 말처럼 요택은 당나라 군의 무덤이 되었다.

당 태종이 20일 동안 걸어서 요택을 겨우 건넜을 때, 눈보라가 몰아쳤다. 아직도 요택을 건너오는 당나라 병사들은 끝도 보이지 않았다. 중간에서 눈보라를 맞아 얼어 죽고, 먹지 못해 굶어 죽는 자가 수도 없었다.

"전사한 자들의 시신을 모아 화장을 하도록 하라!"

요택에서 죽은 당군의 시신이 불태워지는 것을 보고 당 태종은 하염없는 눈물을 흘렸다. 불길 속에서 웃고 있는 연개소문의 환영이 떠올랐다.

요택 온통 갈대밭과 진흙 수렁이다. 고구려군은 이 곳의 지형을 이용한 탁월한 전략으로 승리했다.

"연개소문, 기다려라. 내 너를 붙잡아 반드시 목을 치겠노라! 크흐흑!"

요택을 건너려는 자들은 죽음의 행렬을 이루고 그 곳이 당나라 군의 무덤이 될 줄은 당 태종 자신도 몰랐다. 적어도 고구려를 공격할 때에는 천하를 지배하는 막강한 군사력을 자랑했다.

그러나 수나라가 고구려를 공격하다가 끝내 국력을 상실하고 멸망한 것처럼 당나라도 고구려에 대해 두려움을 갖게 되었다. 그리고 당 태종 또한 당나라가 세상의 중심이라는 천하관을 버릴 수밖에 없었다.

당 태종은 고구려 정벌을 실패로 끝내고 낙양으로 돌아와 휴식을 취했다. 등창이 나서 고름이 줄줄 흘렀기 때문에 고생을 많이 했다. 요택을 건널 때 진흙에 빠져 생긴 피부병이었다.

당 태종의 피부병은 퇴각하면서 아들 고종이 입으로 고름을 빨아 낼 정도로 심각했다.

낙양에서 병치레를 하는 동안에 당 태종은 분함을 이기지 못했다. 설상가상으로 당나라에 설연타가 쳐들어왔다. 설연타는 돌궐이 살았던 몽골 초원에서 다시 일어난 나라였다. 당나라가 고구려를 침공하자 연개소문은 설연타를 끌어들여 당군을 위협했다.

설연타가 전쟁을 일으키자 당군은 고구려에서 퇴각한 병사들을 다시 동원해 전쟁을 벌였다.

그러나 당나라에 설연타는 멸망당했다. 그나마 당 태종은 설연타를 제압함으로써 고구려 원정의 실패로 떨어진 황제의 권위를 다시 살리는 기회가 되었다. 그러나 당 태종은 50만 대군을 동원해 직접 고구려 정벌에 나섰지만 고구려를 정벌하지 못한 것에 대해 수치를 느꼈다. 당 태종은 왜 고구려 정벌이 실패했는지 곰곰이 분석했다.

"역시 고구려의 성은 난공불락이다. 수나라 때에도 가장 큰 적은 바로 고구려 성이었다. 그런데 고구려는 천 리를 이으며 요동에 튼튼한 성을 수십 년 동안 지어 왔다. 연개소문은 대단한 인물이 틀림없다. 어떤 강한 무기가 있더라도 고구려 성을 부숴 버리기는 쉽지 않다. 그렇다면 새로운 방법으로 고구려 정벌을 하겠다."

만리장성은 이름 그대로 벽돌이나 흙으로 쌓은 성벽이었다. 이 성벽을 넘어오기만 하면 방어하는 쪽에서는 무용지물이었다. 오히려 성벽으로 인해 그 안에 살던 백성들은 적들에게 갇혀 어려움을 겪어야 했다. 이런 장성의 단점을 잘 알고 있는 듯 고구려는 성벽을 쌓은 것이 아니라, 1,000리를 가면서 곳곳에 성을 세운 것이다. 외적이 쳐들어오면 성 안에 들어가 문을 걸어 잠그고 몇 달이고 몇 년이고 싸울 수 있도록 만든 방어용 성이었다.

한편 당나라를 물리친 고구려는 자신감이 하늘을 찔렀다. 수나라뿐만 아니라 세상이 벌벌 떠는 당나라를 상대로 크게 승리했다는 자부심이 생겼다. 당나라와의 전쟁에서 큰 승리를 거둔 연개소문의 권력은 더없이 강해졌다.

"당나라가 다시 쳐들어온다 해도 요동을 잘 지키면 물리칠 수 있다."

연개소문은 천리장성을 따라 세워진 성을 더욱 튼튼히 쌓고 보수하며 또 다른 당나라의 침입에 대비했다.

당 태종은 1차 고당 전쟁 2년 뒤 647년에 이세적을 총대장으로 고구려 원정군을 파병했다. 당 태종은 생각할수록 도저히 분함을 참을 수가 없었다. 그래서 잦은 공격으로 요동을 지키는 고구려

성들을 피곤하게 만들기로 한 것이다.

그러나 이세적이 이끄는 20만 대군은 고구려에 크게 패하고 돌아왔다. 당 태종 자신의 권위에 스스로 먹물을 칠한 것이다.

"무엇이 문제인가! 서쪽이든 북쪽이든 모두 당나라의 하늘 아

래에서 살고 있는데, 어찌 고구려만 버티고 있는 겐가?"

"황제 폐하! 아뢰옵기 황송하오나 고구려에는 두 개의 적이 있사옵니다. 하나는 요동 천 리를 따라가며 있는 견고한 성이며, 또 하나는 연개소문이란 자입니다."

"어떤 방법을 써서라도 고구려를 정복하라!"

당 태종은 고구려를 정벌하기 위해 새로운 방법을 택했다. 수십만 명의 병력을 동원해 진격해서 성을 빼앗으며 정벌하는 방법은 많은 희생자가 생기고 또 한편으로는 시간이 많이 걸린다는 점을 생각했다. 바로 해안 상륙 작전을 펼쳐서 요동을 비켜서 평양으로 진격하는 것이다. 그러기 위해서는 수천 척의 군선이 필요했다.

고구려 영토에서 비교적 멀리 떨어진 양자강 지역 사람들에게 군선을 할당해 바치게 했다. 전쟁 준비를 하는 당나라 백성들의 원성이 높았지만 고구려를 정벌해 천하를 손안에 넣고 싶은 당 태종의 야심 때문에 군선 제작은 계속되었다.

가장 큰 군선에는 500명 정도가 탈 수 있었다. 작은 군선이라 할지라도 100명은 족히 태우고도 남을 정도로 제작했다.

당나라 수군은 배를 운항하는 기술을 가진 병사말고는 모두 육군으로 구성되었다. 육군이 군선에 나눠 타고 상륙 작전을 펼친

다음 고구려 육군과 싸운다는 전략이었다. 수개월 동안 걸어서 고구려 영토에 도달하지 않고 쉽게 배를 타고 간다는 것뿐 육군과 다를 바 없었다.

"막히면 돌아가라는 말이 있다. 황해를 건너 요동반도 남단과 압록강 입구에 대한 공격을 펼쳐라!"

648년 당 태종의 명을 받은 당나라 병사들은 세 번째 고구려 원정에 나섰다. 수백 척의 군선을 타고 상륙 작전을 시도했다. 만주 안동에 있는 박작성을 공격했으나 실패하고 말았다.

고구려 병사들은 박작성에 틀어박혀 당나라 병사들과 싸웠다. 때로는 성문을 열고 나와 기마병이 당나라 진영을 휘젓고는 다시 성 안으로 들어갔다. 더구나 고구려 수군은 황해로 들어오는 보급로를 차단해 당나라 병사들을 불안에 떨게 했다.

광개토 대왕이 백제로부터 황해의 지배권을 차지한 이후, 고구려 수군은 발전을 거듭했다.

따라서 당나라 보급선들이 고구려 해안에 상륙도 하기 전에 큰 피해를 입혔던 것이다.

"삼십만을 더 보내 고구려 원정군을 도와라!"

당 태종은 화가 나서 견딜 수가 없었다. 강남 지방에 명령을 내려 군사를 실어 나를 큰 배를 만들도록 했다.

대단위 상륙 작전을 펼쳐 고구려를 정복하려던 야심가 당 태종은 끝내 꿈을 이루지 못하고 화병으로 앓아 누웠다. 그리고 당나라 수군을 이용해 고구려를 공격하려던 꿈은 1년 만에 접을 수밖에 없었다. 649년 당 태종은 화병에 못 이겨 쓰러진 것이다. 당 태종은 죽음을 앞두고 자식들을 모아 놓고 이렇게 말했다.

"다시는 고구려를 공격하지 말라!"

　당 태종의 아들 고종은 황제의 자리에 올라 아버지의 유언을 잘 새겨들었다. 수만 명의 병사를 잃게 한 고구려 정벌은 더 이상 꿈꾸지 않았다. 그러나 당나라는 해군력을 키우기 위해 군선 제작은 계속했다.

백제의 멸망

　고구려의 연개소문도 당나라의 공격이 없자 나라를 안정시키는 일에 전념했다. 대전쟁에서 승리는 했지만, 고구려가 입은 피해도 컸다. 수만 명의 요동 지역 백성들이 끌려갔고, 수천 명의 병사들이 죽었다. 이들을 보살펴 주는 것 또한 정권을 잡고 있는 연개소문이 해야 할 일이었다.

　또한 요동의 여러 성들에 쌓아 두었던 군량이 불에 타거나 당나라 군의 손에 들어갔다. 다시 군량을 성에 채우기 위해서는 백

금강 하구
당나라 소정방은 금강 하구인 기벌포를 통해 백마강으로 쳐들어왔다. 금강 유역은 군사적 요충지였다.

성들이 농사에 매달려야 했다.

  나라를 안정시키는 한편, 백제와 함께 신라에 대한 공격도 늦추지 않았다. 백제의 의자왕은 기가 죽어 있는 신라를 공격해 40여 성을 차지할 정도로 맹활약을 떨쳤다. 이 틈을 타 연개소문은 신라의 북쪽 국경 부근을 공격해 여러 성들을 빼앗았다.

  신라는 당나라를 물리친 고구려와 백제로부터 끈질긴 공격을 받아 나라가 위기에 처하게 되었다.

  진덕 여왕이 죽고 아들이 없자 654년 처음으로 진골에서 임금이 나왔는데 그가 바로 김춘추이다.

　태종 무열왕 김춘추는 백제와 고구려의 공격을 막아 내 살길을 찾았다. 그는 6년 전 당나라에 건너가 당 태종으로부터 군사 원조를 받고 돌아왔었다. 하지만 당나라는 고구려와 전쟁을 하는 바람에 신라에 이렇다 할 군사 원조를 해 주지 못했다.

　다행히도 신라는 그나마 명장 김유신의 지략으로 고구려와 백제의 공격을 근근이 막아 내고 있었다. 이즈음 백제는 신라로부터 40여 개 성을 함락시키자 의자왕이 자만하기 시작했다.

　의자왕은 충신들을 멀리하고 향락에만 빠져 있었다. 보다 못한 충신들이 의자왕을 나무라자 왕은 충신들을 옥에 가두었다.

　신라의 태종 무열왕은 아들 김인문을 당나라에 보내 새로운 군사 작전을 알렸다.

　"강한 고구려보다 약한 백제를 우선 신라와 함께 멸망시키는 게 옳습니다. 그런 다음 남쪽에서 신라가 쳐 올라가고 요동 쪽

백제의 멸망을 지켜본 정림사지 5층 석탑
1층 탑신에 당나라 장수 소정방이 신라 연합군과 함께 백제를 점령한 후에 승리를 기념하기 위해 비면에 글을 새겼다. 그래서 한때는 '평제탑'이라고 불리기도 했다. 백제를 멸망시킨 당나라는 고구려와의 마지막 싸움을 시작했다.

백마강
낙화암에서 바라본 백마강 전경. 백제가 패배하자 이 곳에서 3천여 명의 궁녀가 떨어져 죽었다고 해서 낙화암이라고 불린다. 예나 지금이나 푸른 물빛은 변함이 없다.

으로 당나라가 고구려를 친다면, 고구려는 사면초가에 빠져들 것이옵니다."

당 고종은 귀가 솔깃했다. 아버지 당 태종이 못 이룬 고구려 정복을 자신이 해내고 싶은 욕망이 꿈틀거렸다.

그러나 당 태종의 유언이 자꾸 마음에 걸렸다.

"신라와 함께 협공 작전을 펼친다면 고구려와의 싸움에서 승산이 있는가?"

당 고종은 신하와 장수들을 모아 놓고 물었다.

"그렇습니다. 전쟁에서도 수순을 밟는 것이 좋습니다. 우선 백

제를 멸망시킨 다음 신라와 함께 고구려를 치시옵소서!"

또다시 당나라에 전운이 감돌았다.

대군을 파병하기 위해 군수 물자를 모아야 했고, 병사들을 다시 끌어모아야만 했다.

"이번엔 고구려가 아니라 백제라고 하는군!"

"백제를 치려면 황해를 건너야 하질 않는가? 그 많은 군선이 어디에 있단 말인가?"

"걱정 말게. 당 태종께서 살아 계실 때 이미 군선 수천 척을 만들어 놓았으니까."

"당 태종께서 선견지명이 있으셨군그래."

당 고종은 소정방에게 13만 대군을 줄 테니 신라와 함께 백제를 멸망시키라는 명을 내렸다.

고구려의 연개소문은 당나라 침입에 대비해 요동에 군사를 집결시켰다.

"우리가 당나라 군을 막아 낼 수 있었던 것은 남쪽의 백제가 신라를 묶어 놓았기 때문이다. 이제 백제가 멸망에 이르면 고구려는 협공을 받아 매우 어렵게 될 것이다. 백제가 잘 버텨 주기만 바랄 뿐이다."

수천 척의 군선에 나눠 타고 당나라 군은 또다시 황해를 건넜다. 덕물도에서 신라 수군의 길 안내를 받아 금강으로 진입했다.

때마침 김유신 장군은 계백 장군을 맞아 황산벌에서 치열한 전투를 치르느라 하루 늦게 당나라 군과 만나기로 약속한 금강 하구 기벌포에 도착했다.

나당 연합군은 백마강을 거슬러 올라와 사비성을 공격하기 시작했다.

의자왕은 웅진(공주)으로 피신해 있었으며, 태자가 스스로 임금이 되어 사비성을 지켰다. 그러나 끝내 나당 연합군의 공격을 받아 660년 사비성은 무너지고 말았다. 그리고 의자왕과 태자와 많은 왕족들이 당나라에 끌려가 살다가 죽었다.

사비문
충남 부여의 부소산성의 정문이다. 부소산성은 금강 하류인 백마강이 동북쪽에서 남서 방향으로 굽어 흐르는 남쪽에 솟은 부소산에 있다. 백제 수도의 중심을 이루는 곳으로 사방을 두루 관망할 수 있는 위치에 있다. 이 산성의 남쪽 기슭에 백제의 왕궁 터가 있어 왕궁을 방어하는 최후의 성곽으로 축성되었을 것으로 보인다.

　　고구려를 지키던 연개소문도 나이가 들었다. 백제의 멸망을 지켜본 연개소문은 고구려의 앞날이 걱정이었다. 연개소문은 틈만 나면 자식들을 불러 놓고 고구려의 불투명한 앞날에 대해 이야기를 했다.

　　"백제의 멸망은 군사력이 약해서도 아니다. 의자왕이 사치와 향락을 좋아하고 나라 살림을 돌보지 않은 탓이 더 크다고 한다. 너희들은 큰 벼슬을 맡고 있으니 이제 고구려의 운명은 너희 형제들에게 달려 있다는 것을 명심하고 또 명심하도록 해라! 이미 나도 이제 나이가 들어 내 맘대로 몸과 정신이 움직여

지질 않는구나! 이제 곧 요동으로든 아니면 뱃길을 통해서든 당나라 대군이 몰려올 것이다. 그 때를 대비하라!"

연개소문의 예측대로 당나라는 백제를 멸망시킨 이듬해인 661년 대군을 파병해 고구려를 공격했다.

"신라는 군량미나 마련해서 당군을 돕기나 하시오."

당나라 병사들은 군선에 나눠 타고 황해를 건너 평양성이 자리한 대동강을 거슬러 올랐다.

대동강 가에 상륙한 당나라 병사들은 평양성을 에워싸고 공격을 퍼부었다.

평양성은 앞으로 대동강이 흐르고 뒤로는 높은 산이 에워싸고 있어서 쉽게 점령당할 성이 아니었다.

"남생은 당장 압록강을 수비하도록 하라!"

연개소문은 당나라 병사들이 추가로 압록강에 상륙해 평양성으로 진출할 것으로 내다보고 대비책을 세웠다. 처음에 남생은 압록강으로 상륙하려는 당나라 수군을 잘 막아 냈다. 그러나 겨울이 닥쳐오자 압록강은 병사들이 건너다닐 수 있을 정도로 꽁꽁 얼었다.

당나라 병사들은 언 강을 건너와 성을 공격했다. 결국 남생은 겨우 목숨을 구해 평양성으로 도망칠 수밖에 없었다.

"이런 못난 것 같으니라고. 어쩌자고 네놈 혼자 살아서 돌아온단 말이냐."

연개소문으로부터 꾸중을 들은 남생은 기가 팍 죽었다.

겨울은 당나라 군에도 매우 힘들었다. 평양성을 에워싼 당나라 병사들은 추위와 굶주림에 지쳐 가고 있었다.

"이대로 있다가는 모두 얼어 죽거나 굶어 죽을 것이다. 방효태 장군은 즉시 별동대를 이끌고 다른 성을 공격해 군량미를 뺏도록 하시오. 그리고 신라에 사람을 보내 하루속히 군량미를 싣고 오도록 이르시오."

이윽고 소정방이 보낸 별동대가 다른 성을 공격하기 위해 움직인다는 사실이 연개소문에게 들렸다.

"별동대인지 별똥인지 내가 직접 나가서 무찔러야겠다."

연개소문이 군사 5천을 무장시키고 있다는 소식을 듣고 보장왕이 달려왔다.

"이보시오, 연 대감. 어쩌자고 그 나이에 직접 군사를 이끌겠다고 하십니까? 젊은 장수들에게 맡기고 짐과 함께 평양성을 지킵시다."

"폐하! 지난번 자식놈에게 압록강 수비를 맡겼더니 패하고 돌아왔습니다. 이번에는 소신이 직접 나아가 승리를 해야만 고구려군의 사기가 드높아질 것이옵니다. 소신에게도 다 생각이 있사오니 너무 염려 마옵소서!"

허연 수염을 휘날리며 노장 연개소문이 갑옷을 입고 투구를 썼다. 그리고 긴 칼을 손에 들고 중무장한 병사들 앞에 섰다.

"조용히 성을 빠져 나가 길목에서 기다리고 있다가 적을 섬멸한다. 모두들 내 작전에 따라 주기만 하면 된다."

5천의 고구려 병사들은 연개소문을 따라 평양성을 빠져 나가 사수라는 강가에 진을 쳤다.

이윽고 연개소문의 예측대로 방효태가 이끄는 1만여 명의 당나라 군이 나타났다. 얼어붙은 사수를 건너오는 당나라 병사들을 향해 연개소문의 공격 명령이 떨어졌다.

"화살을 쏘아라! 사수가 무너지면 평양성이 어렵다."

걷기도 힘든 얼음판 위에서 고구려군의 기습 공격을 받은 당나

대성산성
평양성을 에워싸고 있는 산성이다. 장수왕이 도읍을 국내성에서 평양으로 옮긴 초기에는 대성산성 아래에 안학궁을 지어 나라를 다스렸다. 고구려의 온전한 성벽을 만날 수 있는 유적지이다.

라 병사들은 우왕좌왕하다가 화살 세례를 받고 맥없이 쓰러졌다. 순식간에 사수는 당나라 병사들의 시체로 뒤덮였다.

　당나라 병사들이 칼이나 창을 얼음판 위에 내팽개치고 살기 위해 후퇴하기 시작했다.

　"고구려 병사들이여! 나가자! 싸우자!"

　"와! 와!"

　말을 타고 흰 수염을 날리며 연개소문이 맨 앞에 서서 당나라 병사들을 공격했다.

해가 중천에 떠오르기 전에 결판이 났다. 방효태와 그의 아들을 비롯해 일곱 장수가 모두 죽임을 당했다. 당나라 군은 대패해서 살아남은 자가 별로 없었다.

연개소문은 고구려 병사들의 사기 진작을 위해 가장 필요할 때 나서서 큰 공을 세웠다. 연개소문이 명장이라는 사실이 이런 점에서 나타나는 것이다. 나라가 위기에 처했을 때 반드시 필요한 사람, 연개소문은 그런 사람이었다.

"남쪽의 국경을 철저히 지키도록 하라! 신라가 군량미를 갖고서 고구려로 향했을 것이다."

연개소문은 밤이고 낮이고 할 것 없이 전장의 소식을 전해 듣고 결정을 내려야 했다. 몸이 열 개라도 모자랄 지경이었다.

"신라는 왜 빨리 군량미를 가져오지 못하는가?"

소정방은 초조해지기 시작했다. 이제 자신들이 갖고 있는 군량미로는 겨울을 나기가 어렵다고 판단했다. 지난번 사수에서 연개소문에게 대패해 다른 성을 공략할 엄두도 내지 못했다.

그저 평양성을 에워싸고 하루 종일 성벽만 쳐다보고 있는 상황이 계속되었다.

신라의 김유신은 일흔이 다 되었지만 눈보라를 헤치며 직접 군사들과 함께 평양성 부근까지 군량미를 가져왔다. 곳곳에서 고구

662년 고·당 전쟁 당군은 연개소문에게 괴멸되어 퇴각했다. 백제는 나당 연합군에 의해 멸망하고 말았다.

려 군사들이 군량미를 빼앗기 위해 공격을 했지만 김유신의 방어로 평양성 부근까지 올 수가 있었다.

"장군! 우리 당나라 군사들을 굶어 죽일 작정이시오? 어찌 이제야 오셨소?"

"이보시오, 소 장군! 여기까지 온 것만으로도 하늘이 도운 줄 아시오. 돌아갈 길이 걱정이외다."

고구려가 백제처럼 쉽게 무너질 줄 알았더냐! | 181

소정방은 신라군이 가져온 군량미 10만 석을 받고 곧 철수하기 시작했다. 당나라 병사들은 다시 군선에 나눠 타고 당나라로 돌아갔다. 1차 고구려 침입 때와 마찬가지로 얻은 것 하나 없이 맨손으로 돌아가는 당나라 군의 뒷모습은 쓸쓸했다.

평양성 보통문
평양성 서쪽의 출입문으로 당나라를 맞아 철통같은 방어를 한 곳이다.

고구려의 큰 별이 지다

　당나라 군대는 철수했지만 연개소문은 여전히 요동의 성주들에게 쉴 새 없이 파발을 보내 성을 튼튼히 보수하라는 명을 내렸다. 그리고 전쟁에 대비해 군량을 다시 모아 성 안에 보관하도록 했다.

　당나라와 신라의 공격에 대비해 전쟁 준비를 하는 동안 어느새 4년이 흘렀다. 그리고 너무 국정에 신경을 쓴 탓에 연개소문은 기어코 쓰러지고 말았다. 거의 해마다 쳐들어온 당나라 군을 맞이해 싸우느라 신경을 너무 많이 쓴 탓도 있었다.

　"너희들은 서로 사이좋게 지내야 한다. 물과 물고기처럼 화목

하게 지내거라. 벼슬을 두고 다투어서는 안 된다."

연개소문은 666년에 눈을 감았다. 보장왕은 연개소문의 장례를 성대하게 치러 주었다. 고구려 백성들은 연개소문의 죽음에 모두 슬퍼하며 앞날을 걱정하기도 했다.

연개소문이 누렸던 대막리지 벼슬은 큰아들 남생에게 돌아갔다. 남생은 대막리지가 되어 당나라 침입에 대비해 요동 지역을 살피러 떠나기로 했다.

"내가 성을 돌아보는 동안 두 동생이 보장왕을 보필해 나라 살림을 맡아 주게나."

"형님, 걱정 마십시오. 잘 다녀오시기나 하세요."

남생이 평양을 떠나자 어떤 모사꾼이 두 동생에게 은밀하게 다가와서 남생이 두 사람을 죽이려 한다는 말을 해 주었다.

"그게 무슨 말입니까! 형님께서 왜 우리를 죽이려 한단 말입니까?"

"대막리지께서는 두 동생과 함께 벼슬하는 것을 좋아하지 않습니다."

"그래서 동생들을 죽이려 한다고요? 믿을 수가 없소."

처음에 두 동생은 믿지 않았다.

그런데 이번에는 국내성에 머물고 있던 대막리지 남생에게 다

른 간신이 다가가서 두 동생을 모함했다.

"대막리지께서 요동을 시찰하시는 동안 두 동생이 힘을 합쳐 대감을 살해하려고 합니다."

"그게 무슨 소리요? 내 동생들이 왜 형인 나를 죽이려 한단 말인가?"

"대막리지 자리가 탐이 나서겠지요."

남생은 간신배의 말을 믿지 않으면서도 동생들의 마음을 알고 싶어서 믿을 만한 신하를 평양으로 보냈다. 남생이 보낸 사람은 곧 남건과 남산에게 붙잡혔다. 형 남생이 평양의 분위기를 알아보도록 보낸 첩자라고 생각하고 옥에 가두었다. 그리고 보장왕을 설득해서 남생에게 평양으로 속히 돌아오라는 전갈을 보냈다.

"참으로 요상한 일이다. 어찌 동생이 형을 죽이려 한단 말인가? 내가 보낸 심복이 붙잡혀 옥에 갇힌 것을 보면 분명 동생들이 어떤 음모를 꾸미고 있는 듯하다."

"대감! 절대로 평양에 돌아가시

국내성
압록강 가의 통구 분지 서쪽에 위치한 국내성은 현재 성벽의 일부만 남아 있다. 남생은 국내성에 머물며 당나라 신하가 되어 고구려 공격에 나섰다.
오늘날 국내성은 주변에 아파트가 들어서 크게 훼손되었다.

칠성문
6세기 중엽 고구려가 평양성을 쌓을 때 모란봉 산록의 자연 지형을 이용해서 급경사 지대에 쌓은 성의 북문으로 세웠다. 이후 여러 차례 고쳐 지어 이어 왔으며, 성의 이름은 북두칠성에서 유래되었다.
칠성문은 석축의 성문 위에 문루가 있으며, 성문 양쪽의 성벽과 연결되어 있고 옹성의 축성 방식은 고구려의 특징을 보여 준다.
성문 옆에는 반월형의 옹성이 돌출되어 있는데 이것은 성문에 접근하는 적군들을 위에서 공격하기 위한 구축물로 주요 통로인 성문 위와 옆에 연결되어 있다.
요새나 다름없는 철통같은 칠성문도 결국 배반자에 의해서 함락되고 말았다.

면 안 됩니다. 두 동생이 보장왕과 짜고서 일을 꾸미고 있는 것입니다."

결국 남생은 평양으로 돌아가지 않고 국내성에 머물며 요동을 중심으로 성주들과 함께 힘을 합쳤다. 평양의 보장왕은 남생이 돌아오지 않자 하는 수 없이 남건에게 대막리지 벼슬을 내렸다. 두 동생은 평양에 남아 있던 남생의 자식인 어린 조카들을 죽였다. 이 소식을 들은 남생은 피가 거꾸로 솟았다.

아버지 연개소문의 유언을 따르지 못하고 형제는 서로 다투게 되었다. 그 결과 고구려는 멸망의 길로 접어들고 있었다.

남생은 몇몇 성주들과 힘을 합쳐 평양에서 파병한 고구려군과 맞서 싸웠다. 그러나 시간이 갈수록 패색이 짙자 당나라의 도움을 청하기에 이르렀다. 당 고종은 고구려를 다시는 정벌하지 않으려고 마음을 굳게 먹고 있었다. 처음 연개소문이 죽었다는 소식을 듣고는 고구려 원정을 생각했었다.

"연개소문이 없는 고구려는 이빨 빠진 호랑이에 불과하다."

그러나 많은 신하들과 장수들이 적극적으로 말렸다. 당 고종은 이내 아버지 당 태종이 유언으로 남긴 말이 떠올라 그만두었다. 연개소문이 없다 하더라도 고구려는 그렇게 쉽게 정복당하지 않는 나라임을 자신도 알고 있었다.

'고구려 스스로 내분으로 무너지지 않는 한, 고구려는 어느 나라도 무너뜨릴 수 없다.'

당 고종은 고구려 정벌을 포기했다. 수나라와 당 태종이 계속 고구려를 침공했지만, 단 한 번도 성공하지 못했다. 천하를 호령했던 당 태종이 오죽하면 유언으로 '고구려를 공격하지 말라'는 말을 했을까!

그런데 뜻밖에도 고구려에서 제일 높은 벼슬을 가졌던 대막리지 남생이 스스로 당나라의 신하가 되겠다며 요청해 온 것이다. 처음에는 남생이 거짓을 꾸민다고 생각해 믿지 않았다.

그러자 이번에는 남생의 아들이 먼 길을 달려와 남생의 뜻을 전했다.

귀가 솔깃해진 당 고종은 즉시 남생을 궁궐로 불러들였다.

"황제 폐하! 고구려에 대해 누구보다도 소신이 잘 알고 있사옵니다. 군대를 주시면 앞장서서 고구려로 쳐들어가 고구려를 멸망에 이르게 하겠나이다."

"그대는 당나라의 자랑스러운 신하이다."

당 고종은 남생이 스스로 당나라 군사가 되어 고구려를 치겠다고 하자, 남생에게 높은 벼슬을 주었다. 그리고 포기했던 고구려 원정을 다시 계획했다.

요동의 성들에 대해 특성을 잘 알고 있는 남생은 당나라 앞잡이가 되어 고구려로 쳐들어왔다. 당나라와 싸우는 고구려군은 사기가 떨어져 대패하며 밀렸다.

결국 보장왕은 당나라에 항복을 하고 용서를 빌었다. 연개소문의 동생 연정토는 고구려군 수만 명을 이끌고 신라에 투항했다. 일이 이 지경이 되자 고구려 백성들이 동요하기 시작했다.

전 같으면 목숨을 내맡기고 당나라에 대항해 싸우던 고구려 백성들이었다.

최고 벼슬아치인 남생마저 당나라 앞잡이가 되어 고구려를 공격하자 더 이상 싸울 기력을 잃었다.

"아직도 요동에는 당나라에 항복하지 않은 성이 십여 개가 넘는다. 당나라 군대가 물러날 때까지 계속 싸워라!"

남건은 형이 앞장선 당나라 군을 맞아 고군분투했다. 그러나 고구려의 운명은 점점 내리막길로 접어들고 있었다. 평양성을 에

천지 고구려인의 정신적 지주였던 백두산 천지의 모습

워싼 당나라 군을 맞아 혼자서 병사들을 지휘하며 남건은 1년이 넘도록 평양성에서 사투를 벌였다. 남건은 너무 힘이 들어 잠시 평양성 지휘를 승려 보은에게 맡겼다. 보은은 이 틈을 타 고구려를 배신하고 자신은 살고자 했다.

'대막리지마저 고구려를 배신했는데, 내가 무슨 열혈남이냐? 당나라 군대와 목숨 걸고 싸우게.'

배신은 또 다른 배신을 낳는 법이다. 보은이 굳게 닫혔던 평양

만주 벌판 백두산 자락에서 흘러나온 광활한 만주 벌판은 고구려의 영토였다.

성 성문을 열어 당나라 군대를 불러들였다. 이로써 철옹성이었던 평양성은 당나라 군에 점령당했다. 휴식을 취하던 남건은 이 소식을 듣고 자살을 시도했으나 당나라 병사가 쏜 화살을 맞아 상처를 입고 붙잡혔다.

평양성이 점령당했는데도 요동의 여러 성들은 끝까지 당나라에 투항하지 않고 싸웠다. 그러나 결국 고구려는 멸망했고 백성 20만 명은 당나라로 끌려가 노예로 살았다. 그리고 당나라는 다시는 고구려가 일어서지 못하도록 평양과 요동 지역에 군대를 주둔시켜 다스렸다.

이제 당나라의 노예로 살아가는 고구려 백성들은 그 어느 때보다도 대막리지 연개소문을 그리워했다.

왕도 아니면서 왕처럼 권력을 가졌던 대막리지. 그는 고구려의 살아 있는 화신이었으며 수·당나라가 가장 두려워했던 진정한 고구려인의 모습이었다.

수·당과의 전쟁 때의 고구려 연표

590년 26대 영양왕 즉위

598년 수나라 요서 지방을 선제 공격함, 수나라의 1차 침입을 요서와 발해만에서 격파함

612년 수의 2차 침입, 요하, 요동성, 평양성, 살수에서 대승

613년 수의 3차 침입 격퇴

614년 수의 4차 침입, 자진 퇴각

618년 27대 영류왕 즉위

624년 당에서 고구려에 도사를 파견함

631년 당의 사신이 고구려 경관 파괴, 천리장성 건설 시작

642년 연개소문 혁명, 28대 보장왕 즉위

백제가 신라의 40여 성을 빼앗음

신라 김춘추 사신으로 옴. 신라와 협상 실패

645년 당의 침입, 안시성 전투 퇴각하는 당군을 격파

647년 당이 석성, 남소성을 공격해 옴

648년 압록강 하구로 당 수군이 공격해 옴, 격파함

신라 당에 사신을 보내 백제 정벌 요청

649년 당 태종 죽음, 당의 고구려 침략 일시 중지

654년 거란 공격 실패

655년 백제와 연합, 신라 33성 점령함. 당이 변방 침입함

660년 백제, 나·당 연합군에 의해 멸망. 당이 고구려 변방 지대 공격
661년 신라와 북한산성에서 다툼, 당군이 평양성 포위함
662년 당 방효태군을 사수에서 전멸시킴, 당 침입 격퇴
665년 연개소문 죽음
666년 남생·남건, 남산 형제 내분이 일어남
남생이 당에 투항, 연개소문 동생 연정토 신라에 투항
667년 신성이 당군에 함락됨
668년 부여성이 당에 함락, 한성이 신라에 함락됨
9월 하순 고구려가 멸망함
669년 고구려인 20만 명 당나라 내지로 끌려감
안승의 부흥 운동
670년 검모잠의 부흥 운동
671년 안시성 함락
672년 백수산 전투에서 고구려 부흥군 패배
773년 호로하 전투에서 고구려 부흥군 패배
676년 보장왕의 부흥 운동
699년 보장왕의 아들 덕무의 부흥 운동 – 소고구려국
대조영의 발해 건국

고구려 역사의 주인공, 연개소문

연개소문을 그리워하며!

어느 시대고 배신자는 있기 마련이다. 배신자들에 의해 나라가 망국의 길로 걸은 예는 비단 고구려뿐만이 아니다. 가까이 친일파가 있다. 우리나라가 망국의 길로 걸으며 36년 동안 노예처럼 산 것도 따지고 보면 조국을 배신한 자들 때문이었다.

그래서 더욱 이 시대에 연개소문이 그리워지는 것이다.

훗날 송나라 황제 신종은 왕개보와 나라일을 의논할 때 "당나라가 수십만을 동원해 여러 차례 원정을 떠났는데도 왜 고구려를 멸망시키지 못했는가?" 하고 물었다. 그러자 왕개보가 대답하기를 "고구려에는 연개소문이 있었기 때문이옵니다"라고 대답했다는 기록이 있다.

당나라 사람들에게 연개소문은 철천지원수였을 것이다. 당나라 사람들은 자식을 죽인 원수로 연개소문을 생각했을 것이다. 이처럼 당나라 사람들에게 연개소문은 환영받지 못할 인물이었다.

고구려의 시조 고주몽릉

 이런 인물을 당나라 사관들이 좋게 기록할 리 없다. 연개소문에 대한 기록이 대부분 나쁘게 쓰여 있는 것도 이런 이유에서일 것이다. 보기만 해도 섬뜩하다거나, 칼을 다섯 개나 차고 다니며 함부로 사람을 죽인다거나, 말을 탈 때에는 반드시 사람을 엎드리게 하고는 등을 밟고 올라탄다거나!

 당나라는 연개소문에 대해 사실과는 다르게 악의를 품고 기록했다. 연개소문에 대한 대부분의 기록들은 중국 측에서 기록한 것들이다. 이 기록들을 우리는 그대로 믿어서는 안 된다. 만약에 연개소문이 그토록 백성들에게 포악을 일삼았다면, 과연 고구려 백성 모두가 힘을 합해 당나라 대군을 무찌를 수는 없었을 것이다.

 분명 연개소문은 고구려를 지킬 인물로 백성들의 존경을 받았을 것이고, 또한 고구려 힘의 상징이었을 것이다. 비록 천손인 왕을 죽였지

만 고구려 백성들은 세상을 지배하는 당나라에 대항할 큰 인물로 연개소문을 선택한 것이다. 그래서 세상이 당나라 말발굽에 짓밟힐 때에도 고구려는 당 태종의 무릎을 꿇게 만들었다. 그 역사의 주인공이 연개소문이다.

비록 연개소문이 자신을 죽이려는 일파를 제거하고 보장왕을 내세워 정권을 장악했지만, 그는 그 시대에 반드시 필요한 인물이었다.

세상은 언제나 새로운 인물을 필요로 하기 마련이다. 과연 우리는 앞으로 연개소문과 같은 강한 인물이 될 것인지, 아니면 남생처럼 고구려를 팔아먹는 배신자가 될 것인지!

연개소문을 읽는 어린이 여러분이 한번 생각해 보기 바란다!